学习的斑斓世界
—— 华德福学校的主课课程（上）

李泽武 著
LI ZE WU ZHU

西南交通大学出版社

图书在版编目（CIP）数据

学习的斑斓世界：华德福学校的主课课程.上／李泽武著. 一成都：西南交通大学出版社，2017.4
（2020.9 重印）
ISBN 978-7-5643-5330-8

Ⅰ.①学… Ⅱ.①李… Ⅲ.①课程－小学－教学参考资料 Ⅳ.①G624

中国版本图书馆 CIP 数据核字（2017）第 048003 号

| 学习的斑斓世界 | 李泽武 著 | 责任编辑 | 张慧敏 |
| ——华德福学校的主课课程（上） | | 封面设计 | 曹天擎 |

| 印张 | 15 | 字数 | 210千 | 出版发行 | 西南交通大学出版社 |

成品尺寸　170 mm×230 mm　　　　网址　http://www.xnjdcbs.com
版次　2017年4月第1版　　　　　　地址　四川省成都市二环路北一段111号
　　　　　　　　　　　　　　　　　　　　西南交通大学创新大厦21楼
印次　2020年9月第3次　　　　　　邮政编码　610031
印刷　四川煤田地质制图印刷厂　　　发行部电话　028-87600564　028-87600533
书号　ISBN 978-7-5643-5330-8　　　定价　42.00元

图书如有印装质量问题　本社负责退换
版权所有　盗版必究　举报电话：028-87600562

序一

作为中国华德福教育先驱者之一，泽武为介绍这个教育而再次著书，这是极为重要的事。他的这本出版物是对这一新教育的总体概述。

在这本书中，他以一种特别的华德福教育视角引起读者对中国华德福教育实践的关注。我认为这是一个成功的视角，这是指主课或者板块学习的方法。它是施泰纳（Rudolf Steiner）博士在百年前建立华德福学校时发展出来的教学方式。

与通常所有重要的发明一样，板块学习方法事实上并不复杂——从某个年龄段开始，学生们在上学期间，在清晨最开始的两个小时左右的时间里学习同样的主题内容，这样的学习一直持续三到四个星期。

为什么一个十分简单的东西在教学中会获得如此成功呢？

我们生活在一个缺少时间的时代。通常人们会认为，先进的技术会让我们节省时间，但是事实上，比起以前的生活方式，时间似乎在一点一点减少。就如很多时候我们会说："抱歉，没时间。"而教育也是如此。在古代的教学中，一个内容往往需要一整天时间，如今我们的学生却要保持每四十分钟一节课这样的节奏。众所周知，这样的节奏不足以让人深入到任何一个主题，这样的时间表只能让孩子或学生不去与他们所学的东西建立密切的联系。当然，有的时候，充满热情的老师出于对这样的情况的不满，会自发尝试去安排连续两个小时的学习，但是毕竟不能对这种不健康的课程进行大的改革。

想象一下，如果你是一个每天拥有整整两个小时来发挥你的课程的老师会怎么样？

有的人会说，时间太多了，我需要准备很多内容。对，因为你有两个小时可用，你不仅仅要准备内容，你还要有能力"创作"时间。所有人都会明白两个小时里做同样的活动是没有意义的，所以老师需要能灵活地掌握时间，就像一位音乐家进行一些具有吸引力的运动和引起注意力的活动，同时相应的也有放松的时间，放松加上活跃。这样做，它代表着孩子们是有兴趣全面参与学习的，也使孩子们能够消化他们的学习内容，而非单纯地储存。

从老师的角度出发，这也意味着老师需要对他们要教的课题产生更浓厚的兴趣。而这种发自内心的兴趣也自然鼓舞孩子们参与其中。

当这样的事情发生时，我们就开始拥有了艺术化的教育，或教育是一门艺术的理念了。

现在请想象一下，这样的事情每星期不止发生一次或两次，而是天天如此！这样一来，教育就会变得深入且有热情。不仅如此，我们还可以在课堂上教得更多，成果也更好！

主课中的间歇也是教学的艺术之一，包括夜晚的沉睡，以及课程板块的转换。想象一下吧，一位老师会说："亲爱的孩子们，我们明天再继续吧！"一节课在期待的眼神中结束！看起来上课花了不少时间，而我们却要毫不犹豫地说，主课其实是把"偷"到的孩子们的时间都还了回去！因为课程在孩子们心中会继续发挥作用。

泽武在这里试图把这个节奏和时间的艺术表达出来，通过这本书所涉及的主课教学内容展示出丰富课程的全景和不同的可能性。这是一弯教学的彩虹，具有宽广的视野和丰富的色彩！

主课大有魅力，但也不是包含一切，有些课是不适合主课板块方式教学的，比如运动和体育，它们是身体性的活动。我们的身体在一段时间后会使你觉得你需要另一种活动了。

另外，艺术课程最好还是像传统的教学方式，一周一次或者两次为好。外语课、数学课和计算课用传统的方式进行安排是合理的，同时在主课内容中也设置数学教学或算数板块即可。

在主课中进行教学设计，甚至产生一个学科或专题，同样有可能是一个很好的例子。本书作者设计了一门主课，主要讲解丝绸之路的历史和地理。丝绸之路这个无限丰富的主题，不仅仅是为在主课中学习，我们会为孩子和学生打开一个新的世界，他们会爱上学习从而去了解更多的内容。

主课本则是主课的另一种展现形式。这两个小时左右的时间同样给我们机会消化教学内容和解决问题。解决问题意味着我们反复使用自己的课本作参考。让学生们自己制作课本，而不是把拥有"罐装"知识的课本交给他们。让孩子去创作，去创造！

在这里我们再一次感受到教育变成一门艺术，这意味着当孩子和学生被这些活动吸引时，是整个人都被吸引，这是现代精准的神经学教导我们的：在做艺术活动时，不仅是大脑的一部分，而是整个大脑系统都很活跃。这样的活动让人类变得更聪明！

而那些认为这样的教育是奢侈品的人，我们要告诉他：这是教育的必需品！

而这种"新"形式的必备要素是老师。在华德福学校中，老师是一种新的需要更高责任的工作的代名词。因为教学不再简单解释或按课本上的内容照本宣科去教。这时你是古时候的老师——大师。中国就有很多这样的大师！大师会按需要去创造。他们决定教学内容和学习的方式。

这意味着我们需要的是对教育有绝对热情的人。百分之百的投入，它意味着你热爱课题，也意味着你要对你的孩子或学生的学习和健康负责任。走上这样道路的老师，会经历一个显著并奇妙的事实：他感觉自己富有活力，而不是筋疲力尽。

许多中国的华德福老师有着这样美妙的生活诀窍：在工作中充满精力，全神贯注地去投入到他们所热爱的这一美好的教育事业。

让我骄傲的是，泽武——这本书的作者，便是他们其中的一位！

Christof Wiechert（克里斯托夫·维歇特）
（瑞士歌德大殿教育部协调人）

序二 聆听大树的心跳和花开的声音

近年来,在我国自下而上的教育创新中,华德福教育的兴起,构成了一种值得认识的教育现象。目前（2016年）全国各地的华德福学校和幼儿园约有400多所,它们的源头母校,就是本书作者李泽武任校长的成都华德福学校。《学习的斑斓世界——华德福学校的主课课程》这本书所展示的,是该校领头者以及老师们的课程和教学实践,为我们呈现了这一教育奇葩五彩斑斓的新鲜面貌。

虽然华德福教育（Waldorf Education）已有长达百年的历史,影响遍及世界各地,但在国内还是新生事物,人们对这一始于德国的新教育还比较陌生。德意志民族产生了一大批伟大的教育家,如被誉为"现代学前教育鼻祖"的福禄贝尔,奠定现代大学制度的柏林洪堡大学的创始者洪堡,建立现代学校制度、被誉为"科学教育学奠基人"的赫尔巴特,等等。他们在18世纪、19世纪构建的现代教育理论和学校制度,主要基于理性主义和科学主义的价值,模仿大工业生产,实行统一规格、统一进度、统一标准的集体化教学,以知识传递为中心,形成了"课堂中心、教材中心、教师中心"的教学模式。它在大规模普及教育、培养大批具有相应素质的劳动力的同时,也产生了今天被诟病为"教育工厂"的异化现象:功利主义、技术主义成为主导价值,学校沦为贩卖专门知识、实用技能的场所,从而迷失培养完人、全人的教育目标。过度专门化、技术化的分科教学,则割裂了客观世界、儿童和教育的整体性。

1919年，奥地利教育家鲁道夫·施泰纳自创的人智学理论和华德福教育，是当时欧洲新教育运动的一部分，在国家化、科学化的主流教育之外，开辟了新的生长方向。华德福教育的核心理念是按照儿童身心的发展规律，重视真善美结合和身心灵统一的全人教育，从而唤醒每个人与生俱来的智慧，引导人的自我发现，给自己生命以意义和方向。它将儿童的生长分为三个不同阶段，分别实施具有针对性的教育。第一个七年，在儿童出生到大约七岁换乳牙之前，对儿童的教育以滋养生命力为主，"善"是教育的核心内容。第二个七年，从七岁到青春期（一年级至八年级），儿童的成长主要在于感觉的发展。他们通过感觉来表达和体验心灵中细腻的感受，是实行"美"的教育的关键时期，而过于理性化的教育往往是徒劳的。第三个阶段，从青春期到二十一岁，孩子的心智逐渐走向成熟，形成抽象思维、个人的判断力和独立思想，渴望探索自然的真理。此时的教育以实行"真"的教育为主。从而使人的身、心、灵都得到恰如其分地发展。施泰纳写下这样的诗句：怀着崇敬接纳孩子，带着爱去教育他们，护送他们踏上自由的旅程，宣明了这样的主旨。

因此，华德福学校的校园环境、教育内涵、课程和教学、师生关系等各个方面都与公办学校完全不同。依据儿童发展的内在秩序，华德福教育重视艺术教育，从体验和感受入手，通过各种手、心、脑整体参与的活动进行学习，崇尚自然的和比较"原始"的教育，如手工、木工、表演、舞蹈、美术、园艺等，重视观察和审美感受，例如拥抱大树，聆听树的心跳。华德福教育明确反对儿童过早使用手机、玩电脑、看电视，努力避免让技术剥夺孩子的童年。而且，从一年级到八年级没有主流学校的教科书，也不进行考试，使儿童免于分数、排名的压迫和恐惧！这在今天的中国，的确不同凡响。课程设置的重要特色之一是主题板块教学，即用3～4周时间，围绕一个主题进行跨学科、综合性的密集教学。从一至八年级，总共大约有80个板块，涵盖语文、数学、历史、地理、生物、音乐、体育、舞蹈、园艺等。实行老师包班教学。显然，华德福学校的学习要轻松、有趣和快乐得多。它吸引了越来越多摒弃应试教育的高学历家长，他们争相将孩子送来学习，甚至自己举办华德福学校和幼儿园，以满足这一教育需求。家长与学校成为联系紧密的文化共同体，协同支持、参与学校建设发展，家长、孩子和学校共同成长。这是华德福学校的另一个奇观。

  可见，无论是关于儿童教育的理念，还是具体的教学过程、课程设置，华德福教育对于公办学校正在开展的教学改革，都具有重要的学习借鉴价值。中国华德福教育的生长只有短短十多年的历程，从中国和世界华德福教育的成效来看，它优于主流教育的品质是确凿无疑的。华德福的教学模式经百年磨砺已非常成熟规范，一招一式均有出处，与那些需要从头探索的教育创新相比，更易于学习和推广。但是，这或许也会成为一种负担，在如何应对迅速变化的世界、如何保持创新和变革的敏感方面，面临内在的挑战。不管怎样，在本土环境中逐渐实现华德福教育的中国化，这一探索已经起步。可以设想，假以时日，经过下一个十年、二十年，中国华德福教育之花将会盛开，呈现更为绚丽烂漫的面貌。

杨东平

（二十一世纪研究院）

序二

在以追求效率为基本特征的当代教育背景下,在浮躁与急功近利成为"时尚"的今天,华德福教育像一朵静静绽放的幽兰,以她自己独特的方式践行着自然与古典相结合的教育理念,以贴近儿童内在发展轨迹的方式近乎顽强地守护、缓慢地诱导并一点一滴持续地成全着儿童的天性,在现代教育喧嚣的世界中安静地散发出独特而沁人心灵的芬芳。

华德福教育是一种以人为本,注重身体和心灵、精神整体性健康和谐发展的全人教育。华德福教育认为教育是科学的,也是艺术的,教育是基于对人的天性及本质全面观察和认识基础上,充满着生命力和创造性的活动。华德福教育遵循人类发展的天性和规律,通过独特的方法和渠道,在深入的体验和审视自我的基础上,深入细致地对每个学生的生命本质进行全面的观察和研究,并根据学生的发展阶段,以学生的意志、感觉和思考的发展需求为目标,帮助学生各方面平衡和谐地发展,最终帮助学生成为一个具有创造性、道德感和责任感的独立思维的人。

泽武兄是国内华德福教育的先驱者和主要开创者之一,在华德福教育领域辛勤耕耘十几年,颇有心得。他将古希腊精神、德国古典传统的脉络,结合中国优秀传统文化,再将理论和教学实证相印证,努力践行华德福教育的精神,弥补现代教育重理论轻实践之不足;既突出了"强调人、成为人"的华德福课程内涵,又清晰展现了"中西融通"的中国华德福课程的落地与探究,乃至转化。如植物学、天文学、地质学、测量、历史、戏剧、游学等,多学科交织,以一个学科知识为切入点,与本地文化精神相联系,带动与其相关的周边学科知识的学习,让孩子在实践中将知识系统、全面地吸收。

众所周知,华德福教育没有统编教材,只有可以依托的大纲。大纲的主线是孩童的意识发展,从时间上来说是从远古浩渺到现在,到未来;空间上说是从眼前出发,到广袤宇宙。而《学习的斑斓世界——华德福学校的主课课程》是泽武兄多年教育实践和经验所得,并以教学板块的形式展现出来的华德福大纲式的教学成果结晶,以期让大家对华德福教育的课程设置及教学特点有一个全面了解,这在国际华德福教育界也是独一无二的开创性和总结性著作,不管对华德福教育体系内的教师和家长来说,还是对现代教育体系内的教师和家长都具有指导和启发作用。

泽武兄秉承"君子尊德性而道问学,致广大而尽精微"之精神,将他十几年的宝贵的教学经验无私地拿出来与大家分享,我们衷心祝福泽武兄和他的同行们富于爱心的探究与持续而辛勤的努力,能够在应试教育的背景下让华德福这株幽兰"扬扬其香",激发我们的教育想象,为今日中国教育提供更多的可能性。

刘铁芳

(湖南师范大学教授)

序四

以人智学为基础
愿课程计划成为每一位
华德福教师的艺术创作

　　这些年来，华德福教育在华人世界开枝散叶，获得许多回响，在台湾、香港、中国大陆，都受到大群大群的家长、教师及孩子们的欢迎。在台湾，连公立学校也陆续热情地推广或转型成华德福学校。到底领受了这么多人钟爱的华德福教育在做些什么？教些什么呢？其课程内容的特色是什么？如果有个人或团体，或学校也想施行华德福教育应该如何着手呢？有什么人可以帮忙解说？有什么数据可以参考呢？其实，在西方世界，有近百年历史的华德福教育有许多可供参考的资料，然而，大部分资料仍停留在西方的语文世界里，等待翻译。而在华语世界里，可以解说的人很少，可以拿到手的数据很少！其最大原因是，懂得华德福教育的人，到目前为止，大多数仍多回旋于教学现场，忙着预备，忙着创造，忙着将理念转化成实践的课程，忙着滋养儿童，忙着与家长沟通。而真的，谁能为华德福教育开讲说明呢？

　　泽武校长是个有心人，在大家仍多忙于开拓空间、建置华德福教育之际，他奋勇地以经验者的身份，将自己的所学、所实践，及所悟逐一汇整，今不吝惜地与大家分享，其精神实在令人惊讶与赞叹！

在台湾的教学现场，身为华德福的先锋之一，二十多年来，教学工作、行政事务、实践与检讨；加上许多从不同角度观看与感受华德福教育的人，教师、家长、儿童、社会各阶层的反应、意见与种种相关细节，我总是怀着敬畏的心面对……如今泽武校长领头出课程书，我的心中有很大的触动！泽武校长实在有作为！有大勇气及冒险的精神！做这件事，应该是在既有的庞大工作上再加艰难的一桩挑战，但他似乎是甘之如饴地扛上肩头！

华德福教育是一个在欧洲的历史、文化与宗教环境脉动中孕育出来的对于未来人类应该如何透过教育、经由启发，以至个别的儿童能够全人地开展自己内、外在的本质精髓与能力特质的教育。而华人自己，也有悠久的历史与文化，有自己的情感与思想的绵延发展；在教育上，更是早有自己独创的见解、表达与施行，华夏文明在世界史上也是个大巨人！如今，遇见了华德福，我们自然以我们的成长背景洞见华德福；而实践华德福时，许多教师自然坚信怀抱"本土化"进行教育改革才是正确的方向；因此，这本书，如何能既融合又离析地搓揉出华语世界的华德福教育课程，应当是一项被要求很高、期待很高的艺术任务。

今年（2016 年）暑假，黄皮书 *The Educational Tasks and Content of the Steiner Waldorf Curriculum*（《施泰纳华德福课程的教育任务和内容》）的编者马丁·洛森来台中与台湾的华德福教师进行课程研习。在他回答台湾教师的问题中，有两个概念我认为非常值得所有教师及阅读本书的读者作为参考。一是，如何使用他的大纲课程书；一是，在课程"本土化"时教师应该注意什么。他大约是这样回答的：在开始一所新学校，当对于华德福课程还不够清晰、还没有完整的课程发展图像时，这本书是很好的立基点。但是，使用三年后，你一定要问自己：我真的要完全按照他所说的去做吗？而对于课程"本土化"的议题，他说，从鲁道夫·施泰纳的人智学角度，人类发展不分国家、种族、血统，是宇宙性的；换句话说，华德福教育重视的是宇宙观，而非世界观或地域观。因此，谈论课程"本土化"时，最重要的，必须确认两件事：一是儿童喜欢，一是契合儿童适龄发展的本质。而想要认知与意识儿童本质，归根究底，必须深度地认识人智学；当真正地理解了人智学之后，每一位教师就都有可能揭开华德福教育的奥妙之处。

林玉珠

（台湾磊川华德福实验教育机构　校长）

自序

五彩斑斓的学习世界
——华德福的主课课程简介

"华德福不考试，没有教材，听说实行的是一至八年级一直带班的主班制度。那华德福学校一天到晚究竟在做什么？"

"上这个学学啥啊？听说什么都不学，只知道玩！"

"华德福理念很好，但是毕竟是西方来的，在中国行不行喔？"

"真的能够愿学乐学吗？"

受联合国教科文组织肯定的华德福教育（Waldorf Education）从1919年开始已经接近百年，在华语世界也有二十来年的历史，它是全世界非宗教、非主流教育中最大的一支，她在不同文化中扎下根，散叶开花，这足已证明她的理念、实践，得到全世界不同文化的认可。但它对中国人来说还算是新鲜的教育，以上问题从我们国内的第一所华德福学校——成都华德福学校开办起，就被人反复问及。海内外众多华德福朋友在国内进行了十多年的不懈努力和实践，现在是尝试给出一个答卷的时候了。

我敢说这是全球华德福世界第一本这样的书。我希望这本书不仅能给华德福教师作一点参考，也能给其他教育同行一些启发——如果能够的话。学校教育最核心的内容之一是课程。教育理念是那颗北极星，而课程是一艘船，承载着朝向那颗星星的教与学的实践。对教育教学书籍来说，没有比能较完整呈现真实课程内容更有说服力的了。华德福教育虽有国际大纲，也有不同国家的大纲，还有不同科目的教学指导和年龄特定阶段的说明，以及个案探究，但如何把基本理念和课程大纲，结合到具体的实践中，以及一些教学中的基础思路和要素在具体教学，特别是主课教学中如何体现，是极富挑战的。理论容易空洞，单独的教学案例又不足以给出整体的脉络和整体的方法。这本《学习的斑斓世界——华德福学校的主课课程》就尝试把华德福课程的丰富多彩、学理的条络清晰、实践的无限创造等特点通过自己以及中国华德福老师相关同事们创造性的、扎实的工作案例展现出来。

在全球，华德福教学总体按西方学制设定：一至八年级，相当于国内的小学一年级到初中二年级，此阶段为华德福的小学阶段（Grade School）；九至十二年级为高中阶段（High School）。华德福教育一开始从理念到方法就有很多创新，其中主题板块教学，就是一个例子。它的重要性，亲爱的克里斯托夫老师（Christof Wiechert）在书序中谈到不少。它用 3~4 周时间，围绕一个主题进行密集教学。它的好处是努力调动各种相关教学内容和科目，让学生进行综合学习，然后再让其沉睡、搁置，甚至遗忘，后再唤醒学习，像一棵树一样螺旋生长，一如教育本身。举个例子，植物学习，有植物观察、知识传授、诗歌篇章学习、艺术体验、实践活动等相关内容。如此立体地学习，孩子们自然学得丰满、深入。到下一个板块，也许在下一个学期，经过一段时间内化，遗忘，相关知识、体验会被再次唤醒。

一至八年级阶段，总共大约有 80 个板块。本书分为上下两册，除简介、总论外，一至八年级，在每个年级中，我尽量选取 4 到 5 个代表性主题教学板块或板块中重要的内容、活动，展示给大家。每个内容约 5 000 字。如果从朋友们较熟悉的学科角度来说，这些板块涵盖语文、数学、历史、地理、生物、音乐、体育、舞蹈、园艺等。除此之外，我也试图选取了华德福独有的一些科目作介绍：湿水彩、形线画、优律司美等。上册主要是本书简介、总论，以及三至七年级内容板块共计 18 个，分别是创世故事、测量板块、建筑板块、农耕板块、本地地理历史、人与动物、分数板块、书写历史与书法教学、历史教学与古代文明、奥林匹克、植物学习、秦汉与罗马、岩石与矿物、商业数学、乱世与盛世、营养与健康、丝绸之路游学、戏剧教学；下册主要是一、二、七、八年级的教学内容以及一些相关有特色的专科课程介绍。

本书每个板块大致结构是这样：华德福教育认为孩子的每个阶段发展都有绝对不同的意义和相互联系。在孩子的身、心、精神发展的基础上，每个板块最开始大致都会谈到孩童的基本发展，并把它作为课程的前提；之后会谈到相关学科的学科精神，以及学习内容对孩子哪方面发展影响最重要，即是对他（她）生命力的构建，还是情感的塑造，抑或是自我的培养，还是身体本身的健康关联。之后的内容便是实际的例子与理论与实践的结合。这里面大多数内容，我都在教室里实践过，有成功的事实，也有不尽如人意的地方。我没有直接参与教学的内容，也绝对是我亲爱的同事们所体证过的。我开始是希望我来主编这本书，因为内容太过丰富，大家都实在太忙，太累，我等不及了，于是就不揣冒昧地写开了。若将华德福的主课教师这个职业坚持做下来，我的说法是"不是专家，也是半个专家"！20多年的教学相长，给予我信心学习和研究，也给了我许多灵感与启发；而课程的丰富性，给我带来通泰感；反思与深入，使我认识更深刻，思想更饱满，写作更有力。我对这本书的写作也有自己的要求：希望写出来的理论是有自己心得的，尽量平实一些，主题板块都有一定理论深度，又有课程综合广度，以及实践创新维度，更重要的是体现对孩子发展关爱的热度，力求尽量有面、有点、立体、全方位；同时也希望本书在实践操作层面为大家提供一些富于启发性的指导。在观点上，我更希望有一些新的想法和深度，也希望内容感性、"性感"一些，使读者读起来有趣味，毕竟学习不仅仅是"苦作舟"，华德福教育更不是把人搞得面目皆苦。想法毕竟只是想法，"虽不能至，心向往之"。囿于本人的识见，博大深邃的华德福教育我只略窥一二，惶论堂奥。这是真心话。不管怎样，我愿努力，总得有人先行一步，也希望本书"下册"更上一层楼。

"学海无涯"，教无定方。这只是我本人以及众多在中国实践华德福教育的朋友们的一些想法和做法。华德福教育第一条"黄金律"就是学习与教学是建立在自由的基础上，所以这里的想法和例子完全不是定论，更不能在教学中"依葫芦画瓢"就万事大吉。壮族刘三姐唱"山歌本是心中出"，言朴意长。华德福教育要求的是您的想象力、创造力、真理感。内在没有一种自由，这些都无从谈起。无论怎样，在内容中您会看到孩子所展示的惊人的创造力、想象力，以及智慧与性灵。当然还有老师、孩子在进行黑板画、蜡块画、水彩画创作时所呈现的作品的美，叹为观止的美！

本人 19 岁从教，在公立学校教学 12 年，到英国学习两年，后参与创办第一所华德福学校，现在华德福教学 14 年，既是老师，也是管理者，更是一名父亲。我深感个人认识与体证之局限，教学事业之永恒。写作《重新学习做老师》（原书名《我在英格兰学师范》）、《为未来而教》两书时，我多是从对文化和教学的感受入手，当然，也有感动和感激。而在本书中，我愿意带入更多思考的因素，以期回溯、更新，或有所超越。

感谢张慧敏编辑的主意、热心和执着，感谢提供材料和图片的朋友、孩子们，书中尽量给出来源，但抱歉不能一一注明出处！感谢克里斯托夫先生、东平先生、铁芳教授及玉珠校长的玉成！感谢石蓓蕾老师提供的资料和意见，Michaël Thēvenet 制作图表，赵冬老师等朋友的拍摄，女儿李麦的翻译。感谢书写阶段中大理桃溪谷及世内桃源、澳洲凯恩斯华德福 Arlene 老师一家的热忱接待。当然更应感谢的是施泰纳伟大的教育思想在全球开展的丰富实践！感谢教学过程与孩子们共同努力带来的自我认知、成长与创造，感谢有机缘以文为桥，与您相遇，与你思想相激荡！

孩童发展与华德福课程概论　003
——写在十八节主课板块前

创世故事　035
Creation Story

测量板块　047
Measurement

建筑板块　057
House Building

目录
Contents

农耕板块　067
Farming

本地地理历史　077
Local Geography & History

人与动物　087
Man and Animal

分数板块　097
Fractions

书写历史与书法教学　107
History of Writing and Calligraphy

历史教学与古代文明　117
History Teaching and Ancient Civilization

奥林匹克　　　　　　　　　127
Olympics

植物学习　　　　　　　　　137
Plant Study

秦汉与罗马　　　　　　　　147
Qin Han and Ancient Rome

岩石与矿物　　　　　　　　157
Rocks and Mineralogy

商业数学　　　　　　　　　167
Business Maths

乱世与盛世　　　　　　　　
——三国到唐的历史教学　　　177
Three Kingdoms to Tang Dynasty

营养与健康　　　　　　　　187
Nutrition and Health

丝绸之路游学　　　　　　　197
Silk Road and Study Tour

戏剧教学　　　　　　　　　207
Drama

太阳

太阳从东方升起，
它用自己光辉唤醒世界万物，
灿烂的金光从天空洒落
透过树叶缝隙
亲吻大地。
此刻的大地充满生机，
让人的心中铭刻不灭的光明。
太阳走过的路径，
给世界不同的地方，
以不同的光明。
太阳的节奏，
给大地带来昼夜的更替，
寒暑春秋不同的温暖。
哦，太阳，
你的光辉让我不敢直视，
但却在寒冷黑夜的某地期盼
你的来临。

温馨 画

孩童发展与华德福课程概论

——写在十八节主课板块前

华德福教育是如何看待孩子的基本构成和发展的？

由此而来的课程关键之处在什么地方？

实施课程的基本保障是什么？

以下主要依据施泰纳孩童发展理论与《施泰纳华德福课程的教育任务和内容》国际大纲来回答上面这些问题。具体分为这样一些小节：

一、孩子的身体发展、意识与心灵发展

二、水平课程、垂直课程与交互课程

三、主题板块教学与节律

四、体验与图景

五、时间与空间

六、性别与气质

七、教育的艺术化

八、教学实施中的各关键点

1. 老师的权威性
2. 关于教科书
3. 孩童研究
4. 教学评估
5. 教师成长

一、孩子的身体发展、意识与心灵发展

每个人都有从出生到死亡的人世间生命的历程。这个历程就像一颗小小的种子，带着与生俱来的生命密码，从遥远静寂的地方来。回想一

下我们自己,从最初的记忆,甚至从记忆之前父母所描述到的,或是梦中出现的点点滴滴看,生命是多么真切,多么自然又赋有诗意!就如同随处可见的小小植株,生长在那里,言说,不言说,确然地存在着。其实把生命之开展喻为植株之生长,是中外许多文人骚客所推崇比赋的,正如歌德写道:"生命之树长青";也如中国民谚所谓:"十年树木,百年树人"。那么就说种子从一颗小种子,长成成熟的植株,需要两方面的东西:一是植株本身的属性;二是植株需要的一些成长的基本元素:水、空气、阳光、土壤、养分。人的成长也一样,需要与生俱来的遗传的特质,也需要后天的养成和教育。人毕竟与植物不同,尽管都具有生命之生气;也与动物不同,因为我们会自我认知与思考。这意味着人不能被当作猪养,不能被当作园艺栽培,不能被当作机器制造,也不可能努力发展兽的、机械的东西——正如我们称为的"兽行"或庄子古老的寓言里的因使机械而产生的"机巧之心"。与生俱来人之为人的东西与后天习得教养而成的东西应该是一致的,因为前者命定他变成人,后者必须以人为目的进行教育。法国哲学家笛卡尔有一个著名的想法:人自身和外部世界是两个不同的时钟,很幸运也很不幸的是,这两个时钟因为某种原因(也许上帝拨了一下)一致地转动。他给我的启发是,外部世界和人自己的内在世界是可以对应和相互激发的。在教育上,与生俱来与后天教育是应该对应和相互激发的,而如果我们承认前面所说的人的成长的两个因素,那么我们必须区分哪些东西是人的天性所在,哪些东西是后天可以去激发的。而华德福教育为此用力甚多。

教育其实并不复杂,回想我们自己的人生过程,那些高峰、低谷,以及那些转捩点,从年龄阶段来看,教育惯穿于我们大家熟知的婴幼儿期、童年少年期、青春期、成人期,直至死亡。而每一个时期我们都有身、心、精神的变化。我们这人世间走一遭的过程,首先是这个"皮囊"——物质身体,它承载着我们这颗心,以及我们的精神。所以我们必须注意到身体的发展。

身体的发展首先分为身体的遗传发展与身体的塑形发展。遗传发展,比如身高、体重、速度、力量之类的"硬"指标,与先天因素关系颇大,与教育关系较小。普通人再怎么锻炼,身高也高不过姚明,跑步速度也超不过刘翔。而协调、平衡、灵活性等"软"方面却与教育有着相当大的关系,这些是塑形的力量所赋予的,比如节奏、韵律、平衡、协调等,在教育过程中可以作用到人的物质身体之上。想象一下,孩子如植株,即使在睡眠中生命之力也为其塑形,就像在捏面团,或用力又细致地雕刻人的外形。

根据华德福教育创始人鲁道夫·施泰纳的说法,物质身体的阶段发展,也表现为大脑神经系统、呼吸循环系统、新陈代谢四肢系统的发展。0~7岁生命力作用强烈,四肢迅猛成长。才出生的婴孩,年轻的父母们(我也干过同样的事情)总是对照医生给定的所谓身高和体重标准表观察孩子——哇,又重了!又长了!之后孩子开始爬行,克服大地的吸引力,然后开始直立行走。"娃娃岁半,翻坛打罐。"到3岁之后孩子可以完全自主地活动。7岁左右换牙时,生命力把儿童体内最坚硬的东西——牙齿——推出,表明生命力推动下的儿童身体建构到一个阶段,可以拿出其中一部分力量来做有形的读写计算,因为生命力的特点之一就是复写、复印,而学习需要生命力做许多工作。9岁左右,感官功能完全成熟,中枢神经系统90%以上成熟。

9~14岁的时候,呼吸血液循环系统发展迅速。呼吸循环系统的变化带来的是感受和情感的变化,一直到青春期。12岁左右,孩子骨骼的发展,引导神经系统的强化,抽象思考能力得以加强。而14岁左右到21岁左右,是青春期,性成熟使男孩女孩角色分化,也使他们的身体发展到另一个高峰期,从而释放出情绪情感的力量,所谓"星芒体"的力量。此时,新陈代谢系统成熟,而神经系统承载的思考活动也进入高速发展期。

在华德福教育中,除了上面谈到的身体发展线索外,另一条孩童发展的线索,就是"精神意识"的发展,这也是十分重要的。意识发展是另一条路径。

身体发展与意识发展有着密切的关系。教育必须谈关系。意识层面必谈三个关系,即与自然宇宙、他人、自己的关系。而意识行为本身需要分离开主体认识者。在人与外物的关系中,施泰纳认为有两种力量作用于宇宙和人心:近融感和离斥感。要意识到一个东西就必须脱离开,即与之保持距离,这是一个离斥、推开的过程。苏东坡所云"不识庐山真面目,只缘身在此山中"就在讲这样的一种认识关系。但同时也要有近融感,"象喜亦喜,象忧亦忧"。

3岁前,孩子完全地顺应包括妈妈在内的万物。才出生的孩子,对外界完全信任。如果他(她)有足够强的离斥感,那么他就无法活下来。"这只乳房是妈妈的,我吃。""那只是牛的,我不吃!"选择是意识带来的结果,但显然,这是糟糕的结果!爬行期的孩子会玩自己的便便,不会认为有什么不妥,因为他们与环境是一体的。3岁左右的孩子伴随着直立行走——作为人的独立,也开始比较完整地说话,并说"我"。

说"我"是一件不简单的事情!是历史性的大事件!因为很多人,甚至一些民族,在意识发展中,真正能说"我"的时候不多,如果对比中西文化,以前我们说东方文化说"我"的时候不多,而多数是说"我们"。现在这个说"我"的过程在加速。这个个体和群体意识的差异是显而易见的,也必须为我们的教育及教育过程所考量。

虽然3岁左右的孩子开始说"我",但其实这时的"我"即是世界。瑞士著名心理学家皮亚杰在谈到9岁前的孩子时,提出"万物有灵论"。9岁前的孩子把图景的想象作为事实。所以在幼儿时期,甚至9岁前,我从没怀疑过老祖母、老母亲讲的《西游记》故事,那个阶段的孩子们喜欢听童话、神话、仙话。

9岁之前,孩子的"我"的意识并不强烈。到了三年级左右,孩童意识发展到了一个重要的转捩点,被称作"9岁的危机"。它表现为想知道"我是谁,我从哪里来"。具体行为上有一个例子,以前9岁左右的孩子用在双人课桌上划出所谓"三八线"来表明男女生的区别。事实上,像这样的区分是重要的,是意识到个体存在,并以类的方式呈现——男与女。实际上这里孩子在强调的是我自己与他人的不同。而此时的孩子,也愿意结成小团体。小团体既有对类的区别,也有对类的认同,孩子从中获得安全感、区别感。

11岁左右的孩子准备进入青春期,被称作"童年的夕照",即意识的内在发展和身体的外在发展达到一种和谐,希腊式的表现为肉体与精神之间的美,周礼的表现为"各归其位""致中和""和而不同"的美。同时这种和谐也表现为人伦形式和内容的某种和谐。青春期的意识状态通过情绪、情感的某种意义上的诞生而使理性认知的意识特点更明确。孩子通过情感使认知进一步觉醒。到16岁左右,孩子进入高中,表现出比较清晰的成人意识,神经系统发展加速,神经系统作为认知、智性的工作基础,为大量抽象思考和逻辑思维做好了准备。

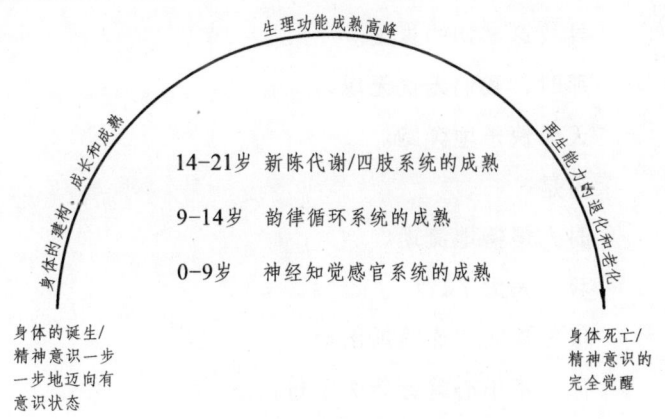

图 1 身体与意识发展关系图

注:该图源自《迈向健康的教育》,米凯拉·格洛克勒,2013,有简化。

现在我们来进一步看看一到八年级孩子的发展。

我校一个同学，六年级毕业时有这样一首诗，他本真地用它表达了小学各个年龄段自己的真实感受。

致——我们即将失去的童年

1 代表着童话。
2 代表着一个个数字，
和一个个动听的词语。
3 代表着真正的学习到来。
4 代表着一个真实的历史来到你的身旁。
5 代表着一个人的品质修养。
6 代表着对无限的挑战。
一些人，会在这一切面前放弃。
一些人，会在这一切面前走小道。
但，也有一些人永不放弃，
寻找这一切的真理。
那时，我们无忧无虑，
天天快乐地奔跑。
可是……
时光慢慢地流逝，
我，长大了，
很多现实在你眼前出现，
你一不小心就会迷失了自己。
好好珍惜你那天真的童年。

这首诗来自李旺芝同学，是原版正装，我没有改变任何一个字，一个符号。这里的数字代表的是不同的年级，我忠实记录下的原因是，很好地从孩子的角度真切地表达了他对学习世界的看法。通过他在不同年级关注的学习内容，反映出他内在的发展和觉醒。这首诗也给我以启发。我看过国外老师对孩子发展的描述，很精彩，但相对复杂。下面我们试图向这个孩子学习，用最俭省的词语，对孩子从一年级到八年级各个阶段的发展特征做一个概括。原谅我的大胆所为！因为这只是一个维度。

一年级——懵懂　模仿

二年级——分化　对比

三年级——分离　实践

四年级——独立　工作

五年级——平衡　关联

六年级——对立　规则

七年级——探索　体验

八年级——深化　意义

九年级——是什么

十年级——怎么做

十一年级——为什么

十二年级——这是谁

一年级的孩子想象力占据主导，意志力活跃着，无意识地模仿与跟随，是一个习惯养成的绝好契机。

二年级孩子身体迅速成长，两极性内在分化，人性和动物性的对比。

三年级孩子与周遭世界开始分离，个人意识开始所谓的入驻或苏醒，开始与大地上的实际工作联系。

四年级孩子内在气质分化，更有独立性。"工作"对于他们是极具魔力的词。

五年级孩子的发展达到一种平衡，学科为之而关联，也意味着童年的夕照来临，青春期的暴风骤雨将至。

六年级孩子随着青春期的逐渐到来，新的对立出现，但又试图相呼应。规则是内部与外部世界的桥梁。

七年级孩子思考力加强，对外在世界进行探索与体验，也对内在世界进行探索与体验。

八年级孩子各方面快速发展，更加深入，寻求事物背后的意义。

九年级孩子处于青春期的黑白对立阶段，探问事物是什么。

十年级孩子关注事情是如何做的。

十一年级孩子关注事情背后的原因。

十二年级孩子关注我是谁？你是谁？他是谁？

前面我提到一些东西，如关于人的基本构成，是施泰纳首创性的提法。物质身（体）、生命身（体）、情感身（体）、自我身（体）（"身""体"，德语里 leib 与 corp 有严格区分，分别指充足的本体状态还是层级性的鞘膜），分别对应的是矿物、植物、动物、人四界。

除物质身体的发展与意识发展的两条线索，心的发展介于它们中间。心的发展的内容在华德福教育中是有明确指向的，即意志、情感、思考，实际上就是我们所谓的意商（意志力，WQ）、情商（EQ）、智商（IQ），以及之间的关系。按施泰纳的说法，这三者是四肢的、胸的、头脑的。

"华德福教育只知道玩，什么都不学"这种说法是由于人们不了解华德福教育。而本质上，华德福教育是反对过早、过分强调认知和智性主义的教育，但绝对不是反对知识，只重视体验和体证。圣经《传道书》谓"万物皆有时"。华德福教育认为认知大发展是后一步的事情，感受、体验、意愿和活动参与在孩童教育，特别是早期教育中，有其不可替代的作用。孔子云"知之者不如好知者，好之者不如乐之者"可以看作认知——情感——意志之关系，也说明情感、意志的重要性。

思考是区分性的，主要是区别、分析。它是以神经系统为依托，以概念、判断、逻辑关系为其主要特征。

情感的参与十分重要。在很多种感知参与的情况中，情感都是在先的，不是判断在先。情感带动感受，一方面产生兴趣，另一方面也确定指向性，为认知打下基础。

施泰纳非常重视意志，他把本能、冲动、欲望、动机、愿望、决心、决定通通包含在意志中。他认为智性时代的人需要大量的意志教育，从根本意义上来说，比认知教育更迫切。他同时认为，"意志是被束缚的情感，情感是被实现了的意志"。而意志对认知的作用，对这个他所谓的自我意识心灵时代（Consciousness Soul Epoch）人们所表现出的自我中心主义的迷局的打破，这需要强大的意志作为基础，我认为有这么几点可以说明。

1. 轻易下判断获取结论的方式用认知、智性主义的方法是无法打破的，只有靠做、实践、意愿的强力才能完成。

2. 自我主义其实是脆弱的，而真正推动认知和培养强大的认知能力需要意志，这是为什么有成就的人大都意志强大的原因。我说的是没有胃参与的思考，是未足强大的，如果生理学上的胃能代表一种强大的意志力的话。

3. 意志的来源是宇宙静寂深处，是道，是一滴水和一片汪洋的问题。

总的来说，幼儿阶段，意愿与意志为主要推动力。这个阶段孩子以想象力和意志力感知世界，老师是"教母"，孩子的学习需要模仿和重复。小学阶段，孩子以感受与情感力为主要作用力，去向周遭世界学习，老师是"艺术家"，孩子的学习需要权威和典范。高中阶段，思考与思维力为主导，老师是"专门家"，培养学生的批判性思考与独立思考能力，以及与专业研究素养，而良知是最坚实的基础。

青少年需要想象力去激活他们的生命力从而去创造；需要意志力结合现实的需求去实践他们的理想图景；需要思考力去穿透表象，同时也带来真实的力量。

二、水平课程、垂直课程与交互课程

华德福课程基于以上的一些想法，整体上由三个方面构成：水平课程、垂直课程、交互课程，也就是年级课程、学科课程，以及不同时间点和不同课程区域的相关联内容。

我常把下图比作一张大网，孩子在华德福学校教育中——事实上在所有学校教育中，总是在这张网上的某一点上。通过这张表我们可以看到，我们称水平课程的，也是年级课程，比如：华德福一年级课程大多实施的内容有语文、数学、形线画、外语（华德福学校一般两门），手工、烹饪、游戏、自然散步、蜂蜡塑形等；五年级有语文、历史、数学、地理、运动等。表内数字为每周大略的上课小时数。

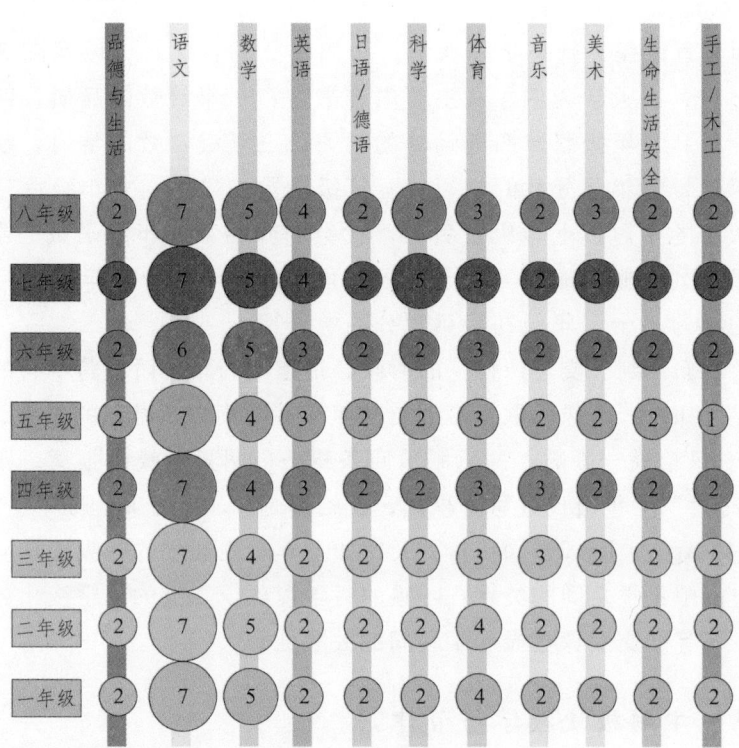

图2 水平课程与垂直课程及小时数

注：依据成都华德福学校课表制作，2015。

八年级	数学史及故事；方程式解题；座标与图形；二元一次方程式；欧式几何、物体面积、体积
七年级	大自然中的数学、正负数、透视图描绘；图表、统计、代数、乘方、毕氏定理
六年级	比例、比例尺；百分比、圆、折扣与利润、利息；规尺作图
五年级	分数与小数的关系；小数四则运算；徒手几何、角
四年级	分数学习；分数的四则运算
三年级	测量与名数；时间、长度、重量、钱币；图形简介；长乘法
二年级	数字间的关系；对称图形；倍数、二位数运算，珠心算
一年级	数字的特质；加减乘除四则运算

图3 一到八年级的数学内容

而垂直课程，就是学科课程，比如图2的各学科，以及图3中数学的学习，以数学为例，从主要内容来讲：一年级数的品质，四则运算的介绍；二年级整数四则运算的学习；三年级名数的学习，整数学习的深化；四年级分数的学习；五年级小数的学习；六年级百分数及商业数学的学习；七年级正负数，代数的介绍；八年级函数的学习；九年级数列与概率的学习，十年级三角学的学习；十一年级解析球面几何的学习；十二年级初步微积分的学习等。

而我们谈到"交互课程"的时候，是指不同年龄阶段跨学科的交互关系，比如一二年级儿歌、童谣与高年级甚至高中数学课的关系。

"一只蛤蟆一张嘴，两只眼睛四条腿……两只蛤蟆两张嘴，四只眼睛八条腿。"七年级代数写方程式，设蛤蟆是 y，嘴为 a，眼睛为 b，腿为 c，即 $a=y$　$b=2y$　$c=4y$。又比如七年级生理学的呼吸知识与庄子散文与高中化学之间的关系：呼吸的哲学境界、呼吸的化学变化、呼吸与人，等等。交互课程显示学科间的关联性。

三、主题板块教学与节律

施泰纳把自己对教育学和教学法的理解和运用称为"灵魂经济"（Seelen Economics 德语），简单说来就是如何让孩子高效地学习。这个高效，是指用最经济俭省的方式，根据孩子各阶段发展的天性，让孩子学习到与其发展阶段相匹配的东西。如何把以上课程特征通过一种方式传达出来呢？毕竟教学不是条块区划，更不是网状形态不分头绪。华德福教学之一是通过主题板块教学和集中阶段性授课来实施。主题教学，比如四年级以动物为主题，而某一类型动物用某种动物为代表进行学习，比如牛。这样的学习，一方面学科之间的界限被打破，各学科内在联系得以呈现，孩子可以整体地学习；另一方面，各学科的共同参与让孩子对所学内容印象深刻，如对牛的特性：缓慢、土相性格、坚持、忍耐、有力量等有更好的把握。后面各板块多有鲜活的例子呈现，大家可以清楚地认识到这个特点。

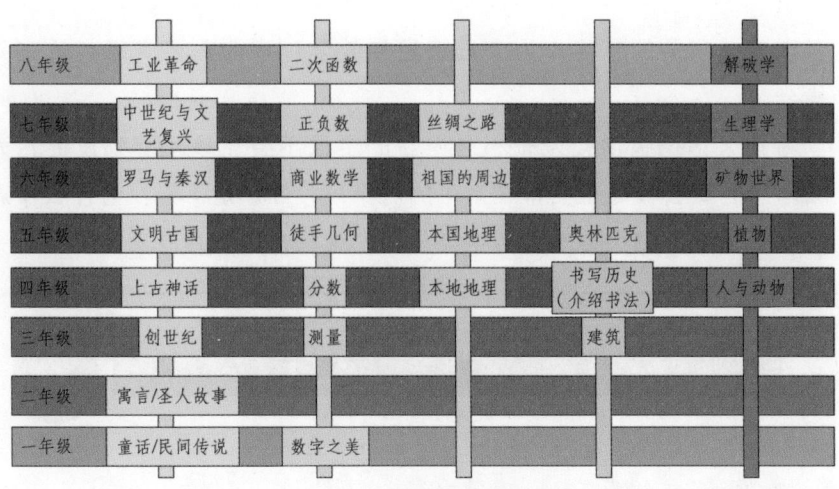

图 4　主课板块举例

上面这个图显示出集中火力攻打一个主题的特点，在教学时间上华德福能够提供这种可能。比如我们上面提到的动物学习也许是两个板块，每个 4 周的时间，这 4 周就都讲动物，按动物特征进行归类，如对有强大新陈代谢功能的种群（如食草类）进行归类；有的按有强大呼吸循环，靠自己的身体武器来捕食的种群（如食肉类）进行分类；或者按拥有高度神经系统的动物（如鹰类）进行分类。每个种群举例两到三个有代表性的动物。而华德福教学的这种集中阶段性授课方式，德语叫"Epoch"，意即一个周期，比如一个月亮周期（4 周左右），所以德语叫"阶段授课"；英文叫"Main Lesson Block"，即"主课板块"，意思是一样的，集中一个月左右的时间讲解一个主题，然后换其他主题，学习之后让它沉睡，然后下学期再次唤醒。沉睡与清醒交替进行。

这里引出了华德福教育的一个重要概念——节律（节奏和韵律），正如开篇我们提到的一个人的生命过程一样，教育过程也是一个生命过程。它有像生命过程一样的彼长此消、张弛伸缩、起承转合。在《易经·说卦传》中称之为"立天之道曰阴与阳，立地之道曰柔与刚"，这种阴阳、刚柔的节律作为安排课程和教学过程的重要支撑会被充分考虑到。

为什么华德福学校两个小时左右的主课不会让孩子感到疲倦？为什么动手的课会被尽量安排在上午的后半段，最好是下午？为什么4周的人文主题学习完了会安排科学类主题？这些都跟节律有关。①

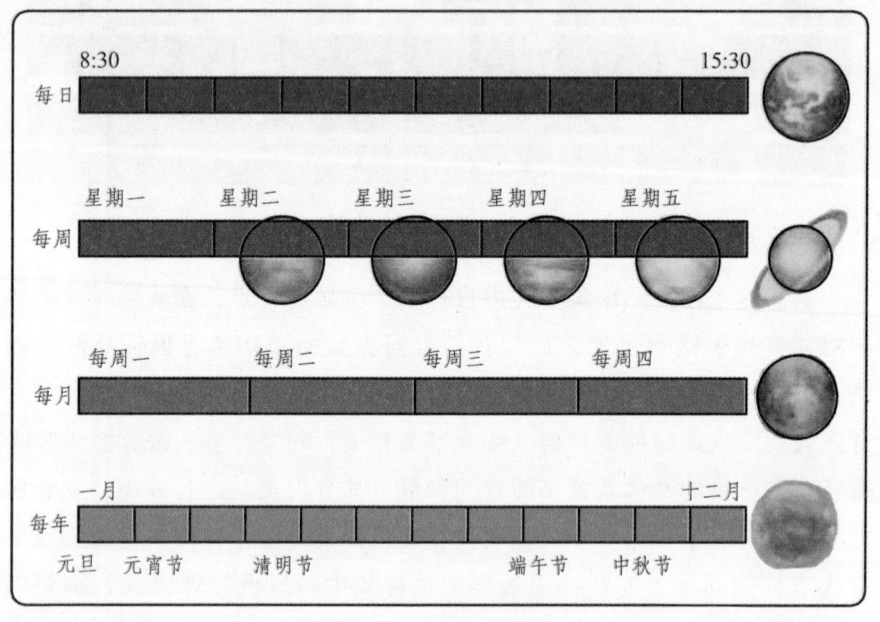

图5　教学的时间节奏

这是一个华德福学校可能的一天作息时间，课程的安排是被精心设置的：有两个小时的长课，有30分钟，甚至10分钟的短课，也有40分钟通行的小课，还有1个小时的课。它完全是根据孩子的状况和课程的容量来设计的。知识学习类结合包括歌唱、诗歌、相关游戏、心算等内容需要热身（被称作"晨圈"）来调节身体、心灵、精神的状况，然后便按照复习、新内容介绍、当堂练习巩固、主课本写作、结束等从容

---

① 这里有四个节奏：地球、行星、月亮、太阳，即日、周、月、年。

不迫地进行教学；而艺术类课程需要较长的时间准备，结束；语言类课程孩子相对能坚持的时间较短。当然，这也取决于年龄阶段，年龄越大时间越长。

作为地球一天自转的节律来说，早上更多是头脑的、思考的，比如数学类；之后是感受的，比如语言类；下午适于动手活动，比如木工类。这样张弛交互的内容和安排孩子不会感到疲倦。

如果我们考虑行星一周的节律（日本日历中仍旧有这样的汉字表示这种行星的影响仍在），周一和周五会松散一些，课程安排上低年级有的甚至周一或周五有散步课，周二、三、四学习点相对密集。

一个月的节奏在我们谈到板块的问题上有所体现：月与月之间的板块需要轮动，人文类的板块间搭科学类的板块，这样比较好。

关于一年的节奏，我有两点想说。一是"春生夏长，秋收冬藏"。春夏向外，秋冬向内。感受类的学习，如植物的学习、游学可多考虑在春夏进行；思考类的学习，如数学板块、徒手几何可多考虑在秋冬进行。当然，这是理想的状态，还得依据本校、老师的实际情况而定。

另一个是节庆。一些季节性的节庆，为整个学年的学习提供一个调节的机会，就像学习生活中的高峰点。一个节庆活动，也是孩子们进行社区学习和体验的宝贵机会。

华德福学校有个"可怕"的提法：遗忘。老师们总是打趣说："您孩子忘了！太好了！"一半是打趣，另一半是说，遗忘也是学习的一个重要部分，西方谚语说"只工作，不玩耍，聪明杰克也变傻"。从某种角度来说，4周左右的板块教学本身就是鼓励孩子遗忘！因为遗忘的过程就是内化的过程。就像我们再能吃，也不可能一直不停地吃一样，否则无法消化。我初中的时候，有位同学告诉我，他学习起来不睡觉，可以整夜学习。我很吃惊，我认为我是凡人，根本无法做到整夜学习，我也不愿意做到！

学习过程是一个有节律的连续过程，也是一个螺旋上升的过程。比如我前面提到的蛤蟆歌，它与一年级的基本加减乘除学习联系，也和三年级的称重学习联系，还和七年级的方程学习相联系。学习的过程常常是先播种子，再沉睡，再唤醒，又增添一些内容——直接或者间接与之相联系的。

四、体验与图景

华德福教育另一个重要的特点就是体验式。我们总说华德福教育"黄金律"之一就是从体验入手。我常说"能让孩子听的一定让他们听到；能让看的一定让他们看到；能参与的努力让孩子参与。"体验可以让孩子与外在的陌生的东西迅速建立链接产生近融感。体验同时带来的是丰富性和"多"。

体验还有极强的参与度，也有极强的生成性，即体验本身是一个建构过程。对于孩子，学习不是封闭的、既定的、现成的，而是一个开放的、探究的事情。因此，过程远比结论重要。

如何让孩子乐学愿学？除了前面谈到的顺应孩子发展的天性节律外，发挥孩子的想象力，也是华德福教育的一个重要特点。发挥孩子的想象力也被认为是华德福教育的黄金律之一。

"我思故我在"是法国哲学家笛卡尔著名的命题，施泰纳认为人存在的本质是图景的，所以他提出人因图景存在故而存在（参《人的智识》）。我认为他把图景分为两类，一类是由原生而来的原像；另一类则是由血液的流动带来的。前一类可以更多支撑孩子思考，后一类可以更多帮助孩子想象，都极富图景性。

小学阶段——6~12 岁，我们在课程中提倡大量使用形象的语言，而不是抽象的术语，这是因为形象化的语言较能在孩子心中建立图景。举个例子来说，我们请孩子们排队，如果我们说"请大家排好"，孩子很难知道什么叫"排好"，如果我们说"请大家排得像门口那排树一样直"，孩子就很好理解，也很好行动。

皮亚杰发生认识论里谈到孩子发展的四个阶段：前运演阶段、具体运演阶段、抽象运演阶段、逻辑运演阶段，除了解释了我们前面提到的行动、活动、意志行为带来的张力而外，也揭示了孩子发展阶段前期要求具体、具象的特征。

为什么华德福学校对故事的运用非常重视？一个重要原因就是因为故事能带来丰富的图景，而这丰富的图景又转化为把孩子的注意力导向个人体验的力量，大家可以在后面的具体教学案例中看到大量鲜活的例子。

五、时间与空间

"往古来今谓之宙，上下四方谓之宇。"（《文子》）时间和空间构成我们这个世界，这也是我们教育的重要着眼点。华德福教育认为在孩童早期，时间与空间的概念是混沌在一起的，就如同那个有名的盘古故事。到三年级 9 岁左右，时间与空间开始在教育中分别作用。三年级之前孩子们学的是童话、寓言、传说故事等，是时间空间合为一体的。三年级时，孩子们会去学习创世故事以更好地理解时间的概念；涉及空间上的概念时，孩子们会学习建房、农耕。到了四年级，由于有了神话传说与本地地理的学习，孩子们对时间和空间的分化意识更加明确、清晰了。五年级时，孩子们真正学习历史的概念，对时间发展有明确的意识，直至高中年级，而空间上是以孩子为中心，逐步向外。以下两个图，试图表明时间与空间的学习展开内容。

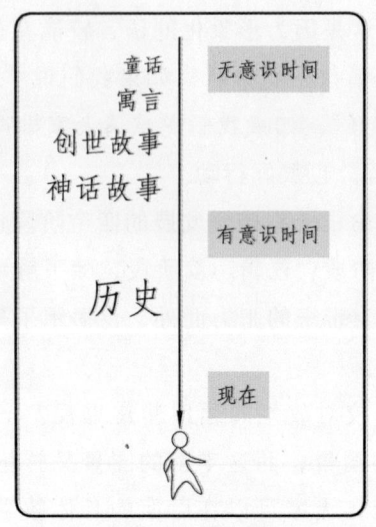

图 6　时间线索

这个时间线索，转化为课程，内容可以如下表所述：

一年级，童话；

二年级，寓言、圣人故事；

三年级，创世故事；

四年级，神话；

五年级，历史文明古国；

六年级，帝国模型；

七年级，中世纪文艺复兴；

八年级，工业革命、现代；

历史从洪荒之处走来，到今天的此时此刻。

另一个学习内容是以空间的、地理的为线索的。

孩子的体验和对世界的认识就是这样扩展开去的：

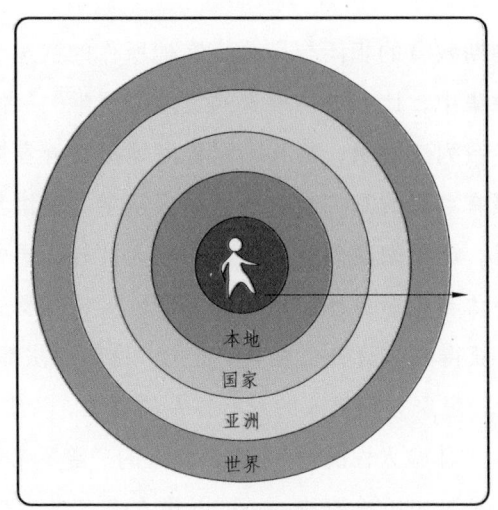

图 7　空间扩展

从课程内容上来说，可以表现为：

四年级本地地理；

五年级本国地理；

六年级本国周边地理；

七年级亚洲地理；

八年级洲际地理。

六、性别与气质

"孩子是不同的。"我想这样的说法大家会不以为然，因为其实并没有说明什么东西。我们想知道的关键在于孩子是如何的不同。孩童发展从全体性到个体有一个东西容易被忽略，就是介于这两者之间的类的特征。这个类的特征区分方法不少，这里主要谈两类：男与女；气质类型。

《黄帝内经》有"女七男八"的说法，是指男孩女孩的发展的不同。9 岁孩子的自我意识被唤醒，也表现在开始有男孩和女孩的意识。施泰纳常常谈到青春期教育的相同与区分，在他所作的我见到的超过 20 个孩童发展的演讲集中，比如在"教育的灵魂经济学""青春期教育""童年王国"等许多系列演讲中，都有不同程度地提及青春期教育。而我见到的最有趣、最有卓识的是"教育的灵魂经济学"演讲集里谈 14 岁以后的青少年教育。施泰纳谈到青春期的年轻人被赶出灵性的生命世界，只能通过物质身体与生命身体去感知的外部世界；以及生理上获得了生育能力，灵性上获得去体验整个人类的能力。这些说法都令人耳目一新。他比较女人的爱的想象力与男人的爱所掺杂的欲望，以及女人为"超自然的礼物"，男人为"体验人性的谜"。或是女人的"普罗米修斯式"和男人的"厄庇墨透斯式"的历史教法——可以说女人多多少少就是"普罗米修斯式"，即富有"先见之明"；而男人多多少少就是"厄庇墨透斯式"，即"后知后觉"，都着实有趣。

　　第一所华德福学校据说也是欧洲第一所男女同校的学校，当然在教学中也不能回避男女不同的特质和教育方法。总结起来，华德福课程从这几方面来进行教育：1. 主题课程，比如七年级的"营养与健康"，十年级的"胚胎学"；2. 平衡的课程，如我所谓的"女孩爬墙上树，男孩穿针引线"，再比如建房与手工，金工与缝纫；3. 课程与教学中的平衡，比如想象力与记忆力，主观与客观。具体观点和内容会去具体板块谈。

　　"多血质""黏液质""胆汁质""抑郁质"是施泰纳借助古希腊的希波克拉底的说法，对人的类进行区分。多血质，也被称作"风相性格"，带动它的是情感身，具有发散性，特征是比较跳跃，兴趣点多，如悟空；与之相对的是黏液质，也被称为"水相性格"，主导它的是生命身，特点是缓慢，执着，如沙僧；胆汁质被称为"火相性格"，直接联系到孩子的自我身，表现为强烈，短促，典型的是八戒；而抑郁质也被称为"土相性格"，被物质身主导，沉重，不容易情绪化，如唐僧。气质被运用到教学的多方面，在座位安排上，尽量让相同气质的孩子坐在一起；在课文内容的选择上，故事里要有不同气质的人物或情节展现。对个体孩子而言，简单说，弱的给他强，强的去减弱，快的适当慢，慢的使其快。

七、教育的艺术化

中国现代大学的开创者蔡元培受德国艺术与美育教育的熏陶，回国倡"美育代宗教"，现在有人正在研究论证施泰纳对他的影响。无论如何，施泰纳谈论美育，也非常强调"Art of Education"，教育的艺术化。华德福教育所强调和追求的教育的艺术化，根据我的理解和教学实践，认为其有两层意思：1. 教育中的艺术教学；2. 教学的艺术化。

我们看看华德福课程，手工、木工、金工、泥塑、雕刻、绘画、优律司美、音乐、空间体育、戏剧、园艺等，有着丰富的内容，涵盖众多艺术分支，以及艺术史的学习。打开孩子们的主课本或是作品集，你常常会被里面的美所打动。艺术教育在施泰纳看来除了康德以降的审美与世界认识的桥梁传统，还有两个东西他认为十分重要，一是艺术是进入灵性世界的途径；二是艺术需意志力的培养。前者通过情感的作用到直觉，事实上，他认为通向灵性世界有三个层级，英文为三个"I"——Imagination, Inspiration, Intuition，即想象、灵感、直觉，而艺术涵盖所有的层级。艺术中意志力的培养是毋庸置疑的，哪一件打动人的艺术作品不是创造者灵感之下的所得，又不是艰苦工作得来？

我在英格兰学习时第一次去参观幼儿园，对老师通过唱歌来进行流程环节间的转换印象很深。我想这是对教育的艺术化的最简单的诠释。教学中的环境营造，可以体现在一块漂亮的桌布、一个简单的挂饰、一个稍有装帧的班级课表或是整个学校的艺术氛围。关注头、心、手的整体配合，整个课程设置的呼吸顺畅、张弛有道，教学中节律的运用，作业时的用心设计，等等，都是教学艺术化的体现，也使孩子在这学习的过程之中，不仅培养审美，而且也更健康。

"庖丁为文惠君解牛，手之所触，肩之所倚，足之所履，膝之所踦，砉然向然，奏刀騞然，莫不中音。合于《桑林》之舞，乃中《经首》之会。"教学的艺术也确然应是这个样子！中音，合舞，灵动。

前面我们谈到的教学的节律、内与外的平衡、时间与空间、遗忘与唤醒等的运用，都是教学中的高级艺术。教学是重要的精神生命呈现之一，身、心、精神的协调平衡发展，是华德福教育艺术的实质。

八、课程实施中的关键点

1. 教师的权威性
2. 关于教科书
3. 孩童研究
4. 教学评估
5. 教师成长

1. 教师的权威性

华德福学校在德国被称为"Frei Waldorf Schule"，意即"自由华德福学校"，但是大家知道，"自由"从来就是"不自由"，因为自由总是在一定的范围内，就如同德文"Freiheit"与英文"Free"的区别：德文的"自由"是有边界设定的，而英文的"自由"更天马行空。因为华德福教育强调个体成长，强调个体成长的自由度，也许给人的印象就是一所"自由"学校，孩子没人敢管，个个都是"呆霸王"，因为"自由"嘛。

施泰纳在他的演讲或书籍中，多次谈到教师的权威性。他认为一到八年级阶段"权威"和"典范"是教育的两个关键词。孩子的成长是一个塑形过程，他（她）生命之流导向哪里，塑形就作用于哪里，这是教育过程的本质问题。教师的言传身教，就为孩子提供一种方向和度。教育是一种生长的力量，教育也从来都是一种转化，一种力量的转化，都是基于孩子的是其所是，在此基础上进行引导、转化，也让其"自生秩序状态"（著名奥地利经济学家哈耶克用语）尽可能最大限度适应地发挥。教育从来不可能像做泥塑一样，不行就把孩子打回娘胎，重新再来。所以教师提供一种指导和度——也算中道，以适其发展（当然，情况并不是总是那样，有时不当的教育适得其反，所谓"学校是个坏东西"）。

这个指导过程需要一种权威性，孩子的自我总的说来是低于成人的，也缺少社会中的经验，需要被引导。而引导需要成人的一种确信——人生观、价值观的确信。现代社会因为价值观混乱，教师的这种权威性是不足的。因为很多人他自己都不确信自己的道路和人生之意义，所以没有办法成为孩子想要的权威和榜样。

另一个方面，孩子成型的力量是由内而外的，我们应该首先考虑到的是孩子的主动性，为什么中国俗语说"身教重于言教"，就是希望在"无言之教"的过程中，孩子发挥他（她）的主动性。教师给予孩子一种典范，让孩子进行模仿。孩子通过模仿进行有效学习。所以施泰纳无数次强调的是，重要的还不是教什么，而是教师自己是怎样一个人。

除了教师的因素外，进入青春期的孩子更渴望有个精神上的偶像进行模仿，这个时候孩子会追星，因为他们青春的情感需要方向，闪亮而又真实的历史人物，是他们最好的典范。历史人物中不管是玄奘、林则徐，还是亚历山大一世、哥伦布，他们的事业和内在精神的成长故事会深入到孩子的内心深处，也会给他们提供一些人生经验。

2. 关于教科书

华德福学校大家谈论的噱头之一就是没有教科书，事实上，我们有相当于教科书的"主课本"，台湾称其为"工作本"。"主课本"就是孩子把学习到的主要内容艺术化地记录到本子上。在华德福学校，教学主要经由教师而非经由传统意义上的课本进行。

华德福学校有大纲作为教学指引，既有国际的，如本书中常提到的那本，也有本土大纲。中国大纲一到五年级主课部分被中国华德福小教论坛（CWF）课程小组讨论出来。老师经由大纲主旨，结合孩子、班级具体实际选择材料进行教学。低年级更多是充满想象力的、口语化的，以实际操作、活动为主的教学，以引起孩子的兴趣，增强老师的权威。到高年级，老师会选择一些主题让孩子进行研究性学习，孩子的学习事业绝不是一两本教材，要知道，教材也是人编的！所以在华德福学校更多的是公立学校所谓的"校本教材""班本教材""生本教材"，而不是统一的教材。这样，老师人人都成为研发专家，而不是围绕一本教材打转。当然，在各个国家和地区，包括中国，老师也会结合国家课程大纲，参考各版公立教材，为我所用。

3. 孩童研究

有一位华德福同事的妻子抱怨她先生："你给每个孩子写诗，从来没给我写过一首！"很多华德福学校老师都有给孩子写生日诗的传统，通过诗歌的形式，描述孩子的特点，表达教师的寓意，鼓励孩子。而生日诗的基础，就是对孩子的观察。

比如下面的一首诗，我写给海天同学：

我的内心你是不可预测的
因为我爱黑色的坚塔
深色的彩虹
锡做的小人
呼哨的鸽鸣

我的笔尖是不可预测的
　　　　挥霍方圆
　　　　随意涂抹
　　因为我爱书写的快乐

　　　我的内心激荡啊
　　　总是虫们的涌动
　　　　我发出歌喉
　　　　也放射喜悦

　　我的内心你是知道的

　　当时这个孩子（海天）内向，内心无比丰富，而外在表现非常木讷、烦躁、爆粗口，乍一接触，就像揭不开嘴的葫芦，而认真观察他的行为，行为的背后却有一颗金子般的心。所以表面上看来"我的内心你是不可预测"——不可见，但其实老师和孩子都知道"我的内心你是知道的"。

　　华德福学校的儿童观察（Child Study）就是把某一位个体孩子作为一个中心，进入身、心、灵全方位的了解和研究，以期获得帮助孩子的途径和方法。教师有时也邀请家长参加，大家面对的是孩子鲜活的生命状态，是神圣的。其次是全方位的，从孩子的身体成长、样貌，到行为姿态、工作状态、社群交往、学习品质等全方位入手。再次是有序分步进行的。无论是三周连续观察研究，还是集中一天75分钟的集中研究，都有客观观察，主观设身处地地感受，针对孩子情况决定针对性帮助。儿童观察是运用到孩子身上的"歌德观察法"。关于"歌德观察法"在本书"植物"板块中会作介绍。

我们常谈"因材施教",也谈真正"看到"孩子——真正客观观察孩子。儿童观察和生日诗一样,建立在对孩子的内在兴趣上,从客观情况出发,描绘心灵样态。

4. 教学评估

华德福学校给人的一个印象是不考试、不重视学术的学习,这是因为人们不了解华德福教育的教学过程所引起。实际情况并不是那个样子。在第一所学校开办之初的教师会上,施泰纳就明确提出当时德国斯图加特华德福学校的三年级孩子应该达到当时德国对三年级孩子的学业要求。(见《灵魂经济》演讲)换句话说,孩子的学业评估是应该的,并与本地实际情况相适应。

但是,评估不代表着就是考试,事实上,国家也早就在提形成性评价——学术量化评估只是评估系统中的一个部分。

对孩子的教学应该从三个维度来看:孩童成长阶段、学科发展系统、社会评价。华德福教育当然也不例外,好的教育肯定不应该是顾前不顾后的。

在不同的国家,大多数的华德福毕业生也会和其他学校孩子一样,都会做相同的一件事情,上大学、考试。不管是英国的 A—level,还是德国的 Abitur,还是美国的 SAT(顺便说一句,德国和北美都有数据表明华德福毕业生的入学考试水平高于全国或地区水平),都是普遍孩子必须面对的东西。

在华德福高中阶段都会有量化的成绩评定,也转化成毕业证和平时成绩,作为上大学的重要依据。

但是,这里有两点必须说明,一是华德福学校的学习目的不是单纯的为考试而学;二是西方国家的华德福学校大多是教考分离的。像我女儿在美国读华德福高中，考 SAT，或者 AP 都是个人的事情，自己上单独的备考班，而学校其他课程照常进行。

作为人性化、个性化的教育，我们是这样来评估孩子，以下摘自《国际大纲》：

学生个人记录与评估

对学生的评价方式有两种，一种是由老师进行持续的观察，一种是正式的记录。由老师来进行持续的观察，通常以天或者星期为记录周期，记录内容包括：出勤/准时率、完成课堂任务和家庭作业的情况、所得的评分（在适当的地方）、行为评价、不寻常的举动（异常的行为、家庭或社会犯罪、疾病/损伤等），以及课堂参与程度等等。这些项都用列表和符号来加以记录，并在需要的地方加上注释。还要每月或者每学期记录每一个孩子所取得的进步，比如特定科目技能、算术、文学、整体及细微运动协调和社会技能等方面。

关于在语言、文学和算术方面要达到的水平，其指导方针是以检查表的形式，包含在后面章节中的科目课程中。[①]

在学生的文件中应该包含以下记录内容：
- 教师会议上做出的学生学习情况总结；
- 校医对学生出具的报告；
- 学习支持报告，包括筛选测试的结果；
- 试读期间的情况记录；
- 纪律情况、成果和评论、回顾等；
- 园艺工作情况报告；
- 学期报告、年度报告、学生综述报告的复印件；
- 前一个学校带来的文件记录。

---

① 指该书后面具体科目要求的内容。

必不可少的是，学校需要建立一个关于保存的记录，包括以何种形式和途径接触到这些记录的清晰的制度。

年度报告（高年级则是学期报告）是写给家长们的。在有些学校，则是写学生的综述报告。

通过这样的内容，您可以看到，对孩子的评估应是："清楚地观察，充分地理解和尊重地加以采集。"

教学评估服务两点：支持孩子的持续学习，同时建立一定的标准。建立一定的标准，是与外部期待有一个量化的比照，以促进发展。比如必要的测试，这是必须的，避免教学的随意性。而教师为了支持孩子的持续发展，就会从孩子的身体发展、情感发展、认知发展等方面去考虑评估。

20世纪末，美国学者加德纳提到八大智能，这开拓了对孩子内在能力认识的新空间。评估的多样化，实际上也是对孩子的内在能力的多样性进行认同。学术能力、认知能力肯定是很重要的，但其他能力同样重要。

在华德福学校低年级通常没有分数评估的方式，就是所谓的不考试，而到了高中（西方学制九年级以上）绝大多数学校开始分数的评定，但也培养孩子的社会服务、创造精神等。

低年级不考试，并不意味着孩子就不努力学习，学习不是就是为了考试。

孩子得到自我发展的肯定有两种方式：一是与别人比，二是与自己比。这两种方式都存在着，并形成孩子主动性心智和判断力。如果过于强调与他人比，培养的则是依赖于别人的自主性较低的生长水平。华德福学校的孩子个体报告，更多着眼于与孩子过去发展的比照上。这样对孩子有要求，但是要求是在基于他（她）的发展实际水平上。

5. 教师成长

在为世界知名华德福教育专家、瑞士歌德馆教育部协调人克里斯托夫·维歌特写的《华德福教育之道》一书的序中，我谈到作为教育者最重要的两点：教育情怀和眼光。施教者要有这样的东西，才能够引领孩子成长。

大家都知道，教师是整个学校教育的核心，华德福教育有一段颂诗：

> 怀着崇敬接纳孩子，
> 带着爱去教育他们，
> 护送他们踏上自由之旅程。

这段颂诗充分说明了教师的责任。但是如何做到这些？施泰纳说教育永远是自我教育。作为一名教育者必须首先认识到自己，"知人者智""自知者明"。作为教学过程引领者的教师，只有在"认识你自己"的基础上，换句话说在自我成长的这条路径上，才能与孩子一道成长。因为孩子这个成长过程需要的是同样不完美、在成长之中的老师。这两种成长出发点和过程不一样，一个是无意识、下意识到有意识的自我成长过程，另一个是有意识的自我成长过程。这是认识自己作为教师的重要一步。

1919年8月20日开始到9月5日，在开场致辞和十四次讲座中，施泰纳从教师在社会和文化中的作用和责任谈到教帅应该是怎样一个人：他（她）充满对世界的兴趣，有着自己的思考，有着自己的内在的信念和强大的意志力。

现在教育中呈现的巨大问题当然与教师有关，因为教师的心灵直接作用到孩子心灵，这是一种共振关系。"学高为师，身正为范"，如前所述施泰纳认为7~14岁孩子需求的是权威和典范，就是教师的感同身受、体验、学养，会转化成对孩子的一种熏陶，换言之，教师只是孩子环境的一部分。但并不是说教师的主动性不重要，教师的主动性在于主动成为孩子教育环境中的一部分。

那么，作为教师从哪个方面去努力？

施泰纳给第一批华德福教师的座右铭，也是 1919 年 9 月 5 日的最后一个演讲最后一部分，我汉译如下：

用想象的力量充满你，

拥有面对真理的勇气，敏锐你的感觉，对心灵负责。

这是想象力、真理感、责任感，即美、真、善的要求。进一步说即在我与宇宙自然、我与他人、我与自己中是否能找到相应位置。大道如天，大学如山，大爱如海，只有努力拥有这种贯通关系，在教学中才能让你拥有前行的动力。

另外，教师应学习相应的技术，具有继续学习的能力。教师总是一个不断前进的学习体，自己本身的学习过程因感同身受而给与到孩子。人们常说，华德福老师面临如此丰富的课程，要多少知识和能力才能做到。是的，一方面，必要的技能和知识是必需的，如果低年级教师不会吹竖笛，那就要努力去吹，努力去学习；黑板书写不够好，就要努力去练习。另一方面，我们不可能成为样样通晓的人，我们能画就多画，能写就多写，发挥所长。

最后，学校有相应的教师培训计划，并且有各种会议：小组的、校际的、地区的、全国的；华语的、亚太的、世界的、专科的……以促进教学交流，保持眼界和水准。通过走出去，请进来的方法，将教师的主动性和对内在成长的渴求，形成教师自己的心的教育。

"在体验中学习，在行动中运用，在思考中超越。"这是我在自己的《重新学习做老师》一书再版序里写到的。我在公立学校教了十二年书，中国的华德福教育到今年也有十四年，我觉得这句话能够概括我自己的学习和教学历程。"万法归心"，每一名老师的自我成长是教育转化的根本之道。

主要参考书目

[1] [奥]鲁道夫·施泰纳. 人的普遍智识（*Allgemeine Menschenkunde als Grundlage der Pädagogik*）[Z]. 芮虎，李泽武，廖玉仪，译. 许星涵（Astrid Schröter）等，校. 台湾财团法人人智学教育基金会，2014.

[2] [奥]鲁道夫·施泰纳. 从灵性科学观点看儿童教育（*Die Erziehung des kinders vom Gesichts Punkte der Geistes wissenschaft*）. 滴水，译，Astrid Schröter，等，校. 台湾财团法人人智学教育基金会，2014.

[3] 施泰纳华德福课程的教育任务和内容（简称《国际大纲》）（*the Tasks and Content of the Steiner Waldorf Curriculum*）[Z]. 成都华德福学校教师，译. 李泽武，审校. 内部资料，2015.

[4] [奥]鲁道夫·斯坦纳. 斯坦纳给老师的实践建议（*Practice Advice to Teachers*）[M]. 温鹏，译，高塔，校. 贵阳：贵州教育出版社，2013.

[5] [英]吉尔伯特·蔡尔滋. 做适合人的教育（*Steiner Education in Theory and Practice*）[M]. 王荣亭，译，吴蓓，校. 北京：新世界出版社，2012.

[6] 李泽武. 为未来而教[M]. 天津：天津教育出版社，2014.

[7] 米凯拉·格洛克勒，斯蒂芬·朗哈默，克里斯托夫·维歇特，等. 迈向健康的教育（*Gesundheit durch Eriehung*）[M]. 邓丽君，廖玉仪，译. 天津：天津教育出版社，2013.

[8] [英]伯特兰·罗素. 西方哲学史[M]. 何兆武，译. 北京：商务印书馆，1998.

[9] 冯友兰. 中国哲学简史[M]. 天津：天津社会科学院出版社，2005.

[10] 四川大学中文系中国古代文学教研室. 中国文学[M]. 成都：四川人民出版社，1999.

[11] 李泽武. 重新学习做老师[M]. 天津：天津教育出版社，2011.

[12] 李泽厚. 美的历程[M]. 合肥：安徽文艺出版社，1994.

[13] 吕思勉. 中国通史[M]. 北京：新世界出版社，2008.

宋奕炜　画

创世故事（三年级）
Creation Story

青玥岑 画

> 教育肯定要回答，或者指向：我们从哪里来，在干什么，到何处去。
>
> ——题记

房子里黑压压坐满了人。这是一个四川的茶铺，农村的电灯泡朦朦胧胧的，一张长长的条桌，说书的站在前面，右手拿个醒木，或是折扇，啪……不管是醒木，还是折扇，打在木长条桌上都格外响亮，衬托的是满屋子人的清风雅静（四川话，意为十分安静）。

"喔豁（四川话，即哎呀），任凭你是天上的巨龙、水里蛟龙、地上的滚龙、人世间的滥龙（流氓），多半都脱不了爪爪（干系）……"

他的"爪"音拖得长长的，于是仿佛在茶铺间，红脸的雷公、黑脸的包公、白脸的曹公，吕洞宾、赤脚大仙一起跳将出来！

当我读到《黑暗传》文本的时候，我就仿佛回到我小时听四川评书的那个场景。

东边一朵红云起，西边一朵紫云开，谁个孝家开歌场？引得四方歌师来……一开天地阴阳；二开日月三光；三开五方五帝；四开闪电娘娘；五开风婆雨师，暂且退让；六开古老前人，先祖先王；七开金龙凤凰，青狮白象；八开魑魅魍魉，不可阻挡；九开天地人三界，人间天堂；十开一条条大路，直达歌场。

如本书"概论"中提到，华德福教育课程主轴是孩子的意识发展。我形象的说法就是从孩子懵懵懂懂，到似懂非懂，再到在现实世界中清醒过来，或是说神性的世界、神—人的世界、人—神的世界，再到英雄、平民、个体的世界。这是一个从天到人、到个体的下降过程，从人的发展上来说，就是从幼儿园到成人。三年级是孩子发展的早中期阶段，最大的特点就是自我意识的逐渐清醒，或是被激活。他们开始想知道自己从哪里来，我是谁，周遭的环境究竟是什么。这个阶段的孩子，学习创世故事是合适的，不管东方的故事，还是西方的故事，都能够满足到"我"的开始的探究，或者说，对人类起始的探究，即"我们"从哪里来。创世故事的重要性按美国比较神话学家约瑟夫·坎贝尔的说法，神话性质的创世故事，不断告诉我们世界如何形成，我们从何而来这样一些基本问题，以及我们应当知晓的一些世界构成的基本法则，才可以对应我们不倦的求知欲和永远渴求的心灵慰藉。

西方讲创世故事是讲圣经故事。这里，圣经故事不是作为宗教教义出现，而是从希伯来历史与意识的发展的角度去学习。事实上，希伯来和希腊文明，所谓"双希文明"，是西方文明之根基，也是世界的共同遗产，作为中国的华德福学校，学习希伯来创世故事当然是可以的。但是，我们还必须努力学习和挖掘我们自己的创世神话故事，唤起我们的崇敬与热情。很多文献资料亟待发掘，古籍和经典需要学习，地下地上材料也在涌现。以前我们用《山海经》里的故事，有源头，也还不错，但感觉不系统。后来大家用《黑暗传》。而《黑暗传》是20世纪80年代后期才由湖北神农架一个叫胡崇峻的先生整理出来，被称作"首部汉族创世史诗"。自从被华德福老师发现之后，几乎所有中国华德福学校都要给三年级的孩子们讲《黑暗传》。华德福教学的创造性不仅仅是材料的运用上，也包括材料的发掘。

《黑暗传》是明清开始流传下来关于汉民族的史诗。德国哲学家黑格尔曾断言，"中国人没有自己的史诗，因为他们的观察方式基本上是散文性的。"是这样吗？我们华夏文明中以前确实没有发现类似古希腊《奥德赛》《伊利亚特》或冰岛《埃达》这样的史诗，但民间与城镇口头说唱传统一直强大地存在着。《诗经》内容里包含着史诗内容，特别是《雅》与《颂》。另外，古代中国从来都不是一个真正国家的概念，而是一个有扩有缩的地域概念，具有极大的文化包容性和熔融性，所以这里我用"华夏"这个概念。藏族的《格萨尔王传》、蒙古族的《江格尔》、柯尔克孜族的《玛纳斯》都是体量巨大的史诗。《黑暗传》的出现，预示着一些东西。虽然它语言的描述方式、词汇感觉有些"现代"——明清间定型，远非《尚书》《诗经》《山海经》古老。不管怎样，《黑暗传》把汉民族的创世神话理出一条较清晰的脉络。它一条线索下来，包涵许多古代传说，而诗体形式，对三年级的孩子们来说，正适合不过。里面奇丽的想象与图景，清晰的传承线索，诗的节奏与韵脚正适合这个阶段孩子。老师们大呼好用。我没讲过《黑暗传》，只是参照中国神话学者袁珂先生的书，选择了《山海经》《淮南子》等一些内容，就是因为没有看到这个材料，之后看到，就着力推广。而《黑暗传》中"先造死，后造生。生生死死根连根""先天一世要灭尽，后天盘古才出生""盘古本是一头颅"等说法，与人智学说法倒很有契合。

《黑暗传》目前已发现有8个版本。其中三个版本内容大致相同。其中一个版本分"开场歌""天地玄黄""黑暗混沌""日月合明""人祖创世"五个部分。它讲的是天地由"无"所生，后有"黑暗""混沌"出生，有天虫"昆仑"吞噬一切，后来一个叫"江沽"的神怪，喝光所有水，后用"玄冰""玄珠"把水造出来，也造了大洪水。再后来有了玄黄老祖，有阴阳日月，有了一个叫"浪荡子"的神，被开天剑斩，他的尸体分成五块，此后，才有了五行。遇产育神，生十天干、十二地支。之后，地上才有了实体，诞生了盘古。盘古请来日月，开天辟地，死后化身，躯干化成大地的一切。盘古死后，大地上的金石、草木、禽兽又化成各种各样的神，这时还没有真正出现人类。神们互相争夺，闹得天昏地暗，直到洪水滔天，淹没了罪恶。洪水中又出现了黄龙和黑龙的搏斗，来了个叫昊天圣母的神，帮助黄龙打败了黑龙。黄龙产蛋相谢。昊天圣母吞下龙蛋，孕生了三个神人，分别主天、主地、主冥府。洪水中来了五条龙捧着一个大葫芦在东海飘流。圣母打开葫芦，见里面有一对兄妹——伏羲和女娲，就劝他们结婚，这才生下各个创世的神，直到这时，才产生了有血有肉的人类。

它和我们所知的盘古开天形成天地万物不同，宇宙始于"无"，然后有水，遇金星化石剑，有五行，有天干、地支，有大山、草木、天、地、生、死，于是有了人。

《黑暗传》内容挺长的，老师们把它做了极大删减。授课中大多有这些内容——

1. 开场歌
2. 天虫昆仑

3. 江沽造水
4. 玄黄老祖
5. 浪荡子
6. 五方五行神
7. 混沌兽
8. 盘古神
9. 泥隐子
10. 女娲补天抟土造人
11. 三皇五帝故事（一）
12. 三皇五帝故事（二）

开场歌是一个重要内容，有丰富的涵盖性和仪式感。开场歌为"丧歌"——丧葬时说唱的内容，形式本身就是追忆述说歌颂，以作为起子概述内容。

天地奥秘玄又玄，下至泉壤上九天。玄黄老祖传混沌，混沌传盘古呀。九番洪水三天开，才有日月星光现。伏羲女娲传人烟，千秋万代往后传。

短短一段歌词，一下子把孩子们带入九天奥玄之中，简单的语言形式，宏大的图景，孩子们很容易被吸引。

下面一段是老师讲到的天虫昆仑。

天河里有一条虫，它喝天河水，吞天河石，不知过了几万年，变成了一条巨龙。巨龙一口喷出满天星，却被五色祥云包在黑暗混沌中。巨龙化成了昆仑山，黑暗混沌生出来一个黑蛋，日月星辰，江河山林，众神众祖先都包在里面。

"江沽造水"说的是江沽喝光了世界上所有水，求北冥玄冰、玄光玄珠，后化成鲲鹏去求助，最后世界重新得到水的故事。

玄黄老祖是玄黄山所成，阴阳而构。

黄石一块九丈高，十二丈围玄黄苗。变为九色莲花瓣，蕊现霞光透九霄。此人坐在宝台上，心中暗想甚原因，一只阴眼一只阳，天地玄黄此时生，自己取名叫玄黄。

霞光、莲花、仙石、阴、阳、人状的神明，孩子们想象力飞翔，文化烘托在背景中，图景、诗句的描绘，自己绘画的描绘，孩子沉浸其中。故事继续着，玄黄徒为奇妙子，奇妙子得到光明：

玄黄叫声奇妙子，你将珠宝来劈开，一半黄来一半青，青上浮来黄下沉。只听咔嚓一声响，缝中劈开一般匀。青赤二气两分开，结成元物似蛋形。从此天地初出世，黑暗之中现光明。

它遇浪荡子后，斩其而浇泉水为五行，后遇混沌兽。

头如碾盘样，口张簸箕形。角长有五尺，高有四丈五。长有百丈零，獠牙三尺剑，目中放光明，鼻孔似水桶，行走云雾伴，一动狂风生。异香三阵过，出气山川震，六足云霞起，顷刻万里程。

盘古的故事大家就比较熟悉了。

盘古举起开天斧，东南西北四边砍，声如炸雷火星闪。气之轻清往上升，气之重浊往下沉。劈开黑暗与混沌，天高地厚无比伦。

泥隐子与大洪水相关，它躲过大洪水，带来人类。

玄黄叫声泥隐子，葫芦一个传与你，后收洪水葫芦存。天干地支入葫芦，交与泥隐一神人，藏在昆仑石洞内，要躲洪水一难星。洪水一万八千载，葫芦存在昆仑顶。等到盘古开天地，天干地支得重生。

还有女娲的故事。

女娲出世一神女，人面蛇身变七十。观天象，察地理，自思索来自纳闷。九山九海无人住，需要千千万万人。起个念头心中喜，不如挖泥作泥人。

到这里，盘古、大洪水、女娲造人等，都具备了，孩子们陡然发现，之前的造作都不是"人"做的，之后到三皇五帝的故事，人越来越到人世间，也多挣扎。

三皇五帝、伏羲、神农等故事可以三年级讲，而尧舜禹等从创世神话到英雄神话，我觉得可以留到四年级。包括有个性呈现的神人，比如《夸父逐日》《大禹治水》等故事均可在四年级讲。以下是《黑暗传》课程实例，来自肖健宁老师。

本节课程目标：

前一天已经讲述过关于《浪荡化五行》的故事，今天是带领孩子学习和体验五行。

课程内容设计：

1. 简单回顾和复述故事《浪荡化五行》
2. 阅读《五方五行神》文本
3. 讲述体验五行相生相克
4. 主课本制作：绘画，并抄写五行相生相克
5. 故事：《仙山帝都》

主课堂展示：

1. 全班在鼓声的带领下，合唱《黑暗传开篇歌》（师生共融的开始）

2.（20～30分钟）回忆昨天的故事《浪荡化五行》，并通过提问题，引导孩子复述故事内容：

（1）浪荡子是谁？是怎么来的？
（2）为什么浪荡子被斩？
（3）那颗宝珠化成了什么？
（4）浪荡子化成了什么？是怎么化身的？
（5）玄黄的葫芦有何神奇？

然后把文本《五方五行神》发给孩子们朗读（通过以后持续的朗读至可背诵）。

以上过程孩子是主体，老师是通过发问，引导孩子回想、思考并清晰表达。然后通过带领朗读，让孩子以图景、整体的方式理解文句所表达的意思，对孩子不会读的字和不能理解词句，做简单描述。

3.（20～30分钟）老师介绍讲述五行和五行之相生相克。

此过程老师是主体，通过生动鲜活的素材展示给孩子五行之关系。

木性温暖，火隐其中，钻木取火，故木生火。火性灼热，能焚烧木，烧木成灰，故火生土。土聚成山，山必有石，金隐石中，故土生金。金气流泽，津润而生，销金变水，故金生水。水性温润，使树生长，木赖

水生，故水生木。众胜寡，故水胜火。精胜坚，故火胜金。刚胜柔，故金胜木。专胜散，故木胜土。实胜虚，故土胜水。

4.（30~40分钟）主课本绘画与书写

此过程孩子是主体，以个体的方式在课本上生成自己的学习内容。

5.（20分钟）故事《仙山帝都》

此过程老师是主体，孩子享受故事的滋养。

第二天，孩子们还可以通过律动来体验相生相克之理。

"故事中的创造之神皆由天地灵气而生，神力非凡，但又蕴藏着全然的奉献的精神，在他们的创造、转化中，万物从无到有，又从有到无，回归自然，但每一个'无'中都孕育着新的诞生力量，阳极阴生，阴盛阳来，世界就在这种阴阳转化之中诞生、发展着！"这是肖健宁老师对《黑暗传》的评价，我认为点到了我们文化之精髓。

下面谈一下教学的方式。办法很多，而击鼓伴唱不失为一个好办法。想象一下，教室里摆着大鼓，一个孩子击着鼓，孩子们踩着鼓点，声音洪亮而富有节奏地诵着，拉开了华夏大幕，进入幽深的历史，行进到远古洪荒……

此外，迤逦的想象必然激发出奇丽绚烂的画面，主课本呈现必定令人惊叹。不管是玄黄山、盘古、鲲鹏，可以像上面展示的那样，可以用原说唱内容，也可以概括成瑰丽的故事。故事里一定有壮丽的图景。

还可以有小戏剧，不止一个老师用十个男生与十二个女生组成天干地支。孩子们穿着红或青的衣裳，变幻着图案和队形，配着诗句和音乐，煞是可爱！

三年级也讲旧约圣经故事，完全是希伯来起源的东西。从创世纪，亚伯拉罕，到出埃及记，到大卫王，历史神话系统清晰，完整。当然，这里说是"神话"，也许有的朋友并不认同，认为这就是"历史"——希伯来人一步步走过来的，不管怎样，早期历史和神话、寓言、童话，交织在一起是很正常的，就是一个精神从天上到地上的一个过程。而三年级就是这个过程中的一个点——从自我的内在想象状态到面向现实周遭世界的状态——逐出伊甸园！

九岁的危机我们涉及不少，创世故事就是试图让"其中的图景、法则和引导，在孩子定型的过程中帮助孩子们增加内在的安全感"(《国际大纲》)。

创世故事——绝不仅仅只有早期圣经故事——给出这个阶段孩子对自己、人类来自何处的一种充满想象力的解释。问题是需要回答的，创世故事可以让他们得到一种线索，从而产生试图的理解和安稳。没有什么比找到一种起源（缘起）更安稳。我们来自伊甸园，无忧无虑的地方，但是因为蛇的引诱——我们犯错了——我们吃到智慧之果，看到自己的裸体，从而被逐出，从而受难。

希伯来《旧约圣经》中的故事太多，也非常经典。它解释世界之形成、氏族之演进、人性之真实、神性之万能。有故事的传奇性、智慧光彩、人心冷暖。"虽多涉信仰教诫，而文章以幽邃庄严胜，教宗文术，此其源泉，灌溉人心，迄今兹未艾"(鲁迅《摩罗诗力说》)。

在众多故事中，如何选择恰当的故事，是很值得探讨的。以下是我的一些选择：

1. 创世七日；
2. 伊甸园；
3. 巴别塔；
4. 诺亚方舟；
5. 该隐和亚伯；
6. 以扫和雅各；
7. 约瑟圆梦；
8. 兄弟团圆；
9. 摩西；
10. 出埃及；
11. 力士参身；
12. 大卫王与歌利亚。

创世七日讲上帝创造世界，万物是怎么形成的以及星期的由来；伊甸园讲人因智慧——不再听从神的命令，意识到耻辱，被放逐的故事；大洪水诺亚方舟的故事大家都很熟悉了；通天古塔巴别塔，因语言被上帝弄乱而失去和合之力；该隐和亚伯算是人类历史上早期的凶杀案了；以扫因一碗红豆汤而失去长子名分也太轻率；约瑟被遗弃，因帮助埃及法老圆梦而得富贵，最后帮助家人，全家和解；摩西被埃及公主收养，后成为以色列人众望所归的领袖，在上帝的帮助下，引导以色列人出埃及，经过多次较量，最终摩西带走以色列人顺利渡过红海，回到"流着奶和蜜"的迦南地。

　　故事的选择建议着眼从天堂到人间的现实，最后找到心目之中安全的地方。在这个过程中当然要权威的引领，因为越与周遭世界相遇就必须有内在的坚定信念和力量，而这最初需要敬畏与权威来建立。在黑暗与混乱之中指引方向的，还有光。至于具体选择的内容，确实要根据班级的情况来确定，比如亚伯拉罕献燔祭，毁灭所多玛，也许对这个年龄段的孩子太强烈了。

　　有的老师说，中国创世故事和神话图景大、圆融，比较"轻"——侧重"道"和自然万物；希伯来神话很快到人世间，感觉是一种分离，比较"重"——黑暗与拯救。究竟哪个更适合我们，我认为两者都需要。

　　关于教学法，在教学中，水彩画、蜡块画、戏剧、歌曲等都可以运用来为故事服务。

　　我自己印象最深的是带孩子们学习巴别塔。那还是我刚刚开始尝试华德福的方式教学。孩子们对这个关于语言的重要的暗喻故事感到十分新鲜和好奇。讲完故事，请孩子们画一下，每一个孩子都画出自己心目中高高的巴别塔，神态各异，富有想象力，使我初为华德福师的人感到激发孩子想象力、思考力的路径是正确的，这给予我信心。

　　我看过一个班级，老师们也带领孩子，甚至家长们造"诺亚方舟"。他们用长长大大的板子画出方舟的样子，旁白过后，响雷和雨声大作，渐渐地，停息下来。一只鸽子飞出来，不见了，等它飞回来的时候，衔着一枝橄榄枝。接着从诺亚方舟里面走出来的不同的孩子扮演不同的角色，有诺亚和他的妻子，有举着尾巴的鸡、漂亮毛色的鸭子、可爱的小猪、摇摇摆摆的企鹅、长腿的马儿、高高的长颈鹿、飞翔的鸟儿，等等，配着不同的服装和动作，引来热烈的掌声。

　　那么，《黑暗传》《旧约》两相对比，究竟如何呢？

肖健宁老师写道："而孩子们的情形，与学习希伯来故事时截然不同，他们都被故事中的奇妙、变化深深吸引，在绘画主课本时，很多孩子竟然可以通过色彩的变化来表现故事，他们所表现出来对故事的理解与感悟，对朗诵诗篇的热爱，对绘制故事、抄写诗篇的渴望，常常令我震惊。在教学中，我似乎隐隐感受到了何为'道'，这些远古、博大的神话本就隐藏在孩子们的内心，我现在只是把她引发出来而已！这才是我们的中国魂！"这也算一家之言，可供参考。有太多的东西，意义上、内容上、方法上、材料上的东西，都需要探索。这里只是抛砖引玉而已。

创世故事是三年级重要的教学内容，我用德国哲学家谢林在《世界时代》中的一段话结束这个主题：

过去的被知道，现在的被认识，未来的被推算。知道的事物被讲述，认识的事物被阐述，推算的事物被预言。

主要参考书目

[1] 袁珂. 中国神话传说[M]. 北京：世界图书出版公司，2012.

[2] 黑暗传[M]. 胡崇峻，整理. 武汉：长江文艺出版社，2002.

[3] 陶阳，钟秀. 中国神话[M]. 北京：商务印书馆，2007.

[4] 新旧约全书[Z]. 中国基督教协会印发，1994.

[5] [美]阿瑟·马克斯威尔. 圣经故事插图本[M]. 杨佑方，等，译. 上海：上海译文出版社，2012.

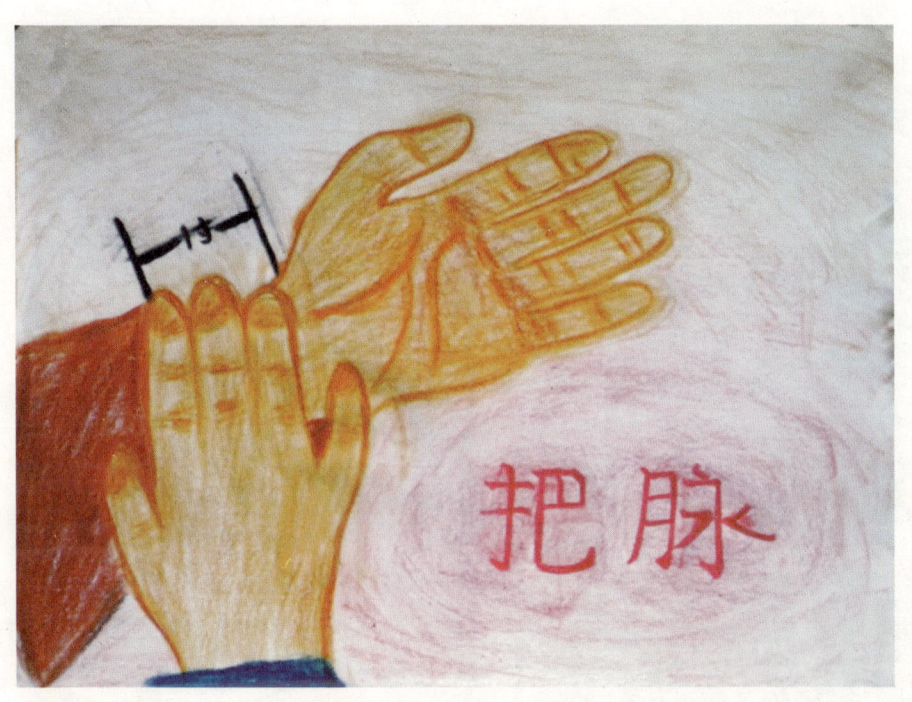

画者不详

测量板块(三年级)
Measurement

测量之歌

天有多高
有多深
海又多大
也有多重
山又多长
路有多长
我们携手走了多久
爱有多珍贵
妈妈的怀抱多温暖
世界的奥秘
又从一道门出来
又将从一道门回去

画者不详

用身体丈量世界，是了解世界的第一步。

——题记

"摸到跳动的脉搏没有？"

有的孩子似乎摸到了，看着有些孩子在手背或手臂上摸索，老师忍俊不禁。

"在这里喔"，老师演示着，也在黑板上画出一只手，点出腕下脉搏所在的地方，然后说：

"从手掌底端掌纹横线到这个地方的长度，古人把它叫做一寸。孩子们，这个'寸'字是这样写的：这个像叉一样的东西，在我们汉字里表示手，点上一点，表示脉搏。"

孩子们叽叽喳喳，兴奋地交流着摸到的手腕脉搏，又用力地画下老师在黑板上的手腕示意图。

寸的学习是测量学习的内容之一。测量是三年级的学习内容，三年级的孩子的自我入驻到身体中，开始有意识地感知认识周遭世界。长度、重量、时间、钱币等内容（有的老师也带出容积），孩子们通过感知到计量，会产生这样一个认识过程。

> 山有多高
> 海有多深
> 地有多大
> 山有多重
> 地有多长
> 我们携手走了多久
> 爱有多珍贵
> 妈妈的怀抱有多温暖
> 世界的奥妙
> 我从一道门出来
> 将从另一道门回去

这是一个孩子学习测量板块时写的。既深刻又风趣！充满惊奇和自己的感受！他（她）通过自己在认识周遭，而认识周遭是从自己的身体开始的。不管科技如何发达，最终我们依赖的是我们的身体，不过人们常常忘记这一点！我们的身体是我们认识世界的出发点，从某种意义上来说，也是归宿——我们改变世界的所有目的是在体验我们自己。

长度的学习

测量的历史最初肯定是以人的身体作为基准的，古书中《大戴记》所载"布指知寸、布手知尺、舒肘为丈",《史记》称禹身为度。《汉书律历制》所谓"周制，寸、尺、咫、寻、常、仞诸度量，皆以人之体为法。"（咫，中等妇女手臂长度；寻，两臂之长；常，两个两臂长，即二寻为长；仞，中等男子身高，一说伸双臂侧身量高度，这些都是依人体而来的长度单位）因为人自身为度量，是最方便经济的，也最简易，虽然不够精确，像英语的 inch（一英寸）和 foot（一英尺，也是脚的意思）。我在英国学习时，有一个课程是在法国南部著名的大教堂夏特尔（Chartres）进行的，它是主体建筑绵延修建一个多世纪的大教堂，从罗马式到哥特式，而前后领导修建的两个总工程师，都以自己的脚长为标准长度，居然能够很好吻合。这是一个以身体为度量的著名的例子。

为什么测量？

"才知道买多少啊！"

"才知道多贵啊！"

"才知道要多少啊！"

"才知道诺亚方舟要造多长才能装下那么多东西啊！"

诺亚方舟的故事在三年级创世故事板块中讲过。虽然孩子们的回答词不完全达意，但大体道出了测量的本质：测出数量以便运用。它是人认识世界的重要一步。

明确了测量的意义，那用什么来测量呢？

于是老师就讲古人测量的故事，介绍测量的历史，会介绍到长度与音律的关系，这是中国文化奇妙的地方。在古代，人们用河北羊头山黑色糜子定长度、重量，一颗糜子为 1 分，10 分为 1 寸，10 寸为一尺，10 尺为 1 丈，10 丈为 1 引。横排 90 颗为黄钟（中央 c "多"音）(《汉书·律历志》)。

然后孩子们认识到"人体之尺"。

"我身上有哪些尺子？手臂、手指、腿、掌、脚、指节、鼻子、身高、伸开双臂、肩膀。最方便使用的有手、脚、肘、伸开的双臂。我们每个人尺子都不同，每人感受到的世界也不同。"一个学生在主课本上总结道。

接下去的工作就是各种量，书桌、地板、同学……量的时候一定要如实地写下来！量的什么，用什么量，结果如何。

测量有四个所谓的要素：一是要测量的东西；二是用来测量的单位；三是测量时的方式和过程；四是如何对待测量产生的误差。虽然三年级这个阶段是孩子们感受性的学习阶段，但也要把这些东西贯穿进去。语言可以是描述性的，但核心概念一定要清晰、准确。

漫天满地地测了之后，老师就可以定到一两件东西上，请同学去测，说明以什么来测。测定什么一定要说明，帮助孩子明确客观对象是首要的，不管是身体的一个部分，还是一件物体，并说明以什么来测，比如黑板的长度，用手张开一拃来测。然后邀请两个、或者三个同学来测，会有不同的结果，老师一定要问为什么；一个同学测3次，每次都不同，问为什么；让孩子认识到统一的标准单位是多么重要，而如何达成认同的统一也很重要，以前凭王权、威权，后来也许是经济的强势来决定。

教学中应多注意以下要点：如前文所提到的，一定要记录下来测量的结果，老师可以总结一下，如果是描述性的，一定尽量按孩子的语言来写；数据记下来可以做出表格，让孩子学会简洁的数学数量关系表达；进制关系要介绍，但不用太花时间去换算，因为五年级学习分数之后更容易；可以延伸词语学习，比如"尺有所短、寸有所长"，"失之毫厘、谬之千里"，很有哲理；另外，老师要及时鼓励孩子们的新发现，鼓励对需要很多尝试的学习是十分必要的。

我们的教室：长，我39脚、苏苏35脚、荣荣36脚

宽，我34脚、苏苏32脚、荣荣30脚；

我们的黑板：长，我13肘、苏苏16肘、荣荣14肘

高，我3肘1掌、苏苏3肘、荣荣8掌

教室的窗户：小窗户宽，我20掌，苏苏18掌

大窗户宽，苏苏30掌。"尺子"都不同，每个人感受到的世界也不同。

这是另一个同学的记录,她大大地写在主课本上,有数据,有感受。以下是测量中长度部分的大致内容:

1. 古人是怎么测长度的?
2. 我们身上的尺子;
3. 市制长度;主要是寸、尺、丈;
4. 公制长度;主要是毫米、厘米、分米、米、千米(公里);
5. 公制与市制的关系与简单换算,1 米 = 3 尺,1 分米 = 3 寸等。

公制单位是完全从现代科学里来的,比较抽象。比如长度单位"米"的定义起源于法国。法国大革命后,因推动十进制的需要,人们定义 1 米的长度为通过巴黎的子午线上从地球赤道到北极点的距离的千万分之一,并于随后确定了国际米原器。而市制单位是从人们千百年生活中得来的。不过在中国,从 1977 年加入米制公约成员国后,在我们生活中原来的尺、寸,似乎已经被遗忘了(除了下面要讲到的重量单位"斤")。英、美在这方面仍保持着,什么 Mile(迈、英里)、Inch(英寸)、Foot(英尺)、OZ(盎司)、Pound(磅)。在这方面,似乎中国人更开放接纳些,也许我们文化基因里对外来文化不加排斥。

在学习过程中,让孩子们自己制作尺子是很好的实践练习。

重量的学习

关于重量的学习我开始于一个古老的故事——曹冲称象。故事讲的是大约一千八百年前的大丞相曹操,有个儿子叫曹冲,很聪明。有一天,江东孙权送来一头大象,曹操带着儿子曹冲和大臣们一起围观,曹操想知道这头大象有多重。大家都没有好办法得到大象的重量,因为那时没有那么大的称。这时曹冲说要称量大象并不难,可以把大象赶到一艘船上去,然后让兵士在船壁与水面相交的地方刻下标记,然后赶出大象,让兵士挑来大石块往船里放,直到船壁那个标记与水面持平。然后把这些石头逐一过称,重量相加,石头的总重量就是大象的总量。

运用这个故事作为称重的开头挺好的,一是《曹冲称象》富有故事性和智慧;二是说出称重的道理就在于平衡。

我们会介绍古代的重量。在两千多年前的汉代，就有"权者，铢、两、斤、钧、石也，所以称物平施，知轻重也。"（《汉书·律历志》）权，就是称（也指秤砣），铢、两、斤、钧、石（音"dàn"），都是计重单位。据说重量基准"本起于黄钟之重。一龠容千二百黍，重十二铢，两之为两。二十四铢为两。十六两为斤。三十斤为钧。四钧为石"。其意思是以黄钟，c 调标准音 I，1200 颗黑糜子——应该也是羊头山的，为龠（音"yuè"）所容纳，此时发出黄钟音律，重量为 12 铢重，24 铢为 1 两，16 两为 1 斤，30 斤为 1 钧，千钧一发。3 万斤，意思很重，悬在一根头发上，你说危不危急？

这里可以提一下容量（容积），古代也以黄钟为基准，黄钟的管长九寸，径空三分，内空可容糜子一千二百粒，名曰一龠，十龠为合（音"gé"），十合为升，十升为斗，十斗为斛。而在我国古代，最奇妙的地方是，大家实际上也看到了，它们都与音律相通。古老的《尚书》中称为"同律度量衡"，即是统一用乐律标准音来规范社会生活中处处遇到的度量衡制度。用音律来作为标准，因为度量衡器的标准元件，用任何一种材料都会发生热胀冷缩变化或磨损，而用黄钟标准音来为尺度，实在是最合理、最先进的，这需要极大的智慧和想象力！同时又何等高雅！我们不得不佩服古人的智慧。

重量的教学我是用大筐装砖，另一头吊人称重来让孩子们体验这个过程。他们看到平衡，也看到砖并不好用——太不精确。后来就介绍秤，包括天平。但电子秤开始不用介绍，因为它的平衡孩子没办法直观看到。

之后孩子们可以练习称量，也可以结合钱币的学习到菜市场采买，这是一个很好的生活实践课程。如果孩子多，就分成组。

孩子自己制作一把秤，也是一个不错的实践活动。

时间的学习

度量衡，即长度、容量、重量，主要是空间上的，是上下四方的"宇"方面的内容。时间，是古往今来"宙"方面的内容。教育离不开时空。三年级是孩子自我意识有意识地认识世界的第一步，而这第一步，就是从时间空间的认识——测量开始的。

时间最大的特征就是"流变"。这个像滚滚河水滔滔向前的特征一定要使孩子们感受到，所谓"不舍昼夜"，庄子所谓"野马也，尘埃也，生物之以息相吹也"。说到庄子，肯定要说《庄子》，里面如夏虫、河伯、鲲鹏的故事，是极好的故事。

　　时间的教学老师们都有很多方式方法，比如做沙漏，测日晷，观察一日景物变化，等等。我是用线拴住5个塑料球，在一根蜡烛上依顺序绑好，然后点燃蜡烛，在课堂上继续讲授课程内容，一节课过程中，塑料球因蜡烛烧断了线而陆续掉下来，以此来说明时间的流变。其中有一个孩子恰好剃了光头，故意坐到一个要烧到线的塑料球下面，终于球落到他的光头上，他甚是心满意足。这算是课程精彩的花絮。

　　时间的教学可以从"时""间"这两个字开始，"时"与日光有关系，读"寺"的音；"间"的繁体字写作"間"，是象形字"門"中透过日光来。时间与阳光当然有关系，因为太阳的变化引起了几乎所有的变化。

　　让孩子取来以前的照片，谈论校园的四季，这让孩子们感受到这个时间的流变过程。

　　"一个世纪是一个人的一生；一个年代是一只猫的一生；一年里花开花笑，花谢花落；一季里油菜从苗长到了开花；一个月就在两次月圆之间；一周里我们上了一个星期的学；一天可以坐动车从成都到北京；一个时辰可以坐动车从成都回重庆；一个小时可以在家里做一顿饭；一刻钟是一场足球赛的中场休息；一分钟能订一颗扣子；一秒钟可以眨一下眼睛。"

　　这是一个同学的一页主课本内容。我们可以看到孩子的观察多么细致，思维多么活跃，感受多么清晰。

　　以下是关于时间的主要教学内容：

1. 对时间的感受和讨论；
2. 古代人对时间的测量（日晷、沙漏、香、脉搏等）；
3. 时间单位的学习：年、季、月、周、日、小时、刻、分、秒、时辰、天干、地支等；
4. 时间计量单位换算。

　　故事：*Clocks, More Clocks*（《时钟，更多的时钟》）

　　制作：沙漏、钟

时间的学习上有一个难点，就是它们的进率都不是 10 进制，有 12，有 30（或 31，甚至 28，29），有 60，有 4，有 365，这些一定要和孩子的生活结合起来学习。而计时里面基本的时、分、秒，一定要和钟面圆盘集合起来。当然也可以和他们以前学习的 0—9 乘法表盘联系起来（表盘是一种展示乘法口诀的方式，好些华德福老师借助其来进行乘法学习）。

三年级的孩子可以记日记了，时间的学习完全可以和语文的学习结合起来。

以创世故事《黑暗传》为时间的学习有很好的借力，混沌、轮转、前后等。十天干，甲乙丙丁、戊己庚辛、壬癸；十二地支，子丑寅卯、辰巳午未、申酉戌亥。这是早在甲骨文时代就使用的时间记录方式。甲子、乙丑、丁卯……两相配合，为六十个组合，谓一个"甲子"——60 年。它特殊的地方是这个配合周而复始，没有止境。孩子们认为它神奇了！"就像自己咬住自己尾巴的蛇！"也有疑问，"那怎么知道究竟是哪一年？"

这里蕴含着中国文化与西方文化时间观的不同。中国文化从来是"方生方死""方死方生"——时间是轮转变化的，也相对模糊。

钱币的学习

"人们为什么要用钱？"

"因为要买东西。"

"可不可以不用钱？"

"不行吧。别人不会答应的。"

"他是你爸爸吗？"

"那可不好吧，不是变成了偷？"

老师提出问题，三年级孩子们叽叽喳喳，但还是没解决为什么要用钱的问题。在这个钱币的学习中，我们当然要向孩子们介绍为什么人们要用钱，也是要向他们简单介绍货币产生的历史。

人们一开始并不是就要用钱买东西，而是以物易物，以满足自己的需要，实际上就产生了交易。但不可能每次要交换的东西都刚刚满足对方，所以发展出一种大家认可、比较恒定的东西——比如有一定大小的兽皮、贝壳等——那种东西可以换很多样的东西，即经济学上所谓的"一般等价物"。最后金银成了大家共同认可的东西，因为它具有价值比较大、比较硬、不易变质、易于分割和熔合、便于携带等自然特点。中文的钱就是金字旁。后来人们嫌金银不便于携带，于是发明了今天的钱——纸币。世界上最早发明的纸币就是在咱们成都（北宋时期），离现在有近千年的历史，被称作"交子"、"会子"。

钱币学习的教学内容上大致有这些：

为什么大家要用钱；

以物易物；

金、银、铜、铁、锡；

纸币；

不同的货币；

价格与价值；

本国货币的种类和进率等。

我觉得这里有几个重要的东西要强调。首先是货币代表着劳动与价值。成都学校石蓓蕾老师让孩子们"制币"，一张上面画着"一勤"的"钱"等值于一天工，就如同以前挣工分，让孩子认识劳动与报酬的关系。

其次金钱是因为流通需要，所以钱如同血液，需要流动，不是单纯的占有。所以施泰纳说金钱是有分享性质的。

实际地去做购买活动也是十分重要的，孩子们可以看到金钱与生活的联系，学得基本的生活知识。

在钱币的学习中，我做过这些活动：物物市场交易、收集钱币展示交流、菜市场购物、制作钱币等。

主要参考书目

[1] 杨平，等. 中国科学技术史·度量衡卷[M]. 北京：科学出版社，2001.

[2] 汪锡鹏. 钱的故事[M]. 北京：华文出版社，2009.

小木屋

亲爱的小木屋，
我们亲手把你建。
有了你，
就有了里面和外面。
外面有朋友，
可以一起爬树、
玩自己搭的跷跷板。
累了我就回到你里面，
坐下来，
和你用心交谈。
我亲爱的小木屋，
有时我住在你里面，
有时你住在我心里面。

温馨 画

建筑板块（三年级）
House Building

5月18日 星期天　晴

　　我不知道是星期几了，反正是有一天，我们去夯土。开始是用两侠木板横插在地上，再用小一点的木板，中间有两个洞把大木板插进去。然后放土进去，不是先混和沙和土，土要多一点。然后放点稻草，再用木棍春。夯了一层又一层，我感觉真好玩。

青玥岑　画

> 我有一所房子，
> 　面朝大海，
> 　　春暖花开。
> 　　　　　　——海子（中国现代诗人）

到全球任何一所华德福学校，只要有三年级以上的班级，您稍一留心，都会看到一些小小的建筑，不起眼地散落在校园的某些角落。这些小小的建筑，要么是茅草屋顶的小屋，要么是顶着树皮的亭子，要么是泥瓦覆盖的地窝棚；既有玩耍屋、工具室，也有狗舍、鸭棚。这些一定都是有三年级孩子参与的"杰作"。而在成都华德福学校，操场边的圆泥屋、茅顶凉棚、农地旁的木架草屋、幼儿园玩耍木屋、小钟塔以及曾经有过的德式面包炉和小鸭棚，都是由不同的三年级班级做出来的，它们也用独特的形式见证着学校的发展。

三年级为什么一定要盖房子呀？

孩童发展到三年级的时候，华德福教育里被称为9岁的"危机"。所谓"危机"，就是危险中的机会——孩子的自我一方面意识到与周遭世界的分离，要想参与到世界之中来，却不知道如何参与，这是危机的"危"；另一方面，这样的一个孩子的自我开始逐渐清晰，自己开始尝试着进入世界，在进入世界过程之中的挣扎、痛苦、认同、快乐等，使我们的教育成为可能，为我们提供极大的教育契机，这是危机的"机"。

关于我们谈到的"自我""自我意识"，华德福课程主要围绕这两项进行。同时，这个"自我""自我意识"，需要与外在的环境结合，换言之，即物质与精神结合。外在的事物常常是由人的内在存在而引起的。房子，是人的庇护所、生命之外在栖居，它不仅是人躲风避雨的地方，更是温暖、安全的家之所在，是我们心的内在栖居，就如潘美辰所唱：

"我想要有个家／一个不需要华丽的地方／在我疲倦的时候／我会想到它；

我想要有个家／一个不需要多大的地方／在我受惊吓的时候／我才不会害怕。"

家在汉字中是一个会意字,在甲骨文字形里,上面是"宀"(mián),表示与室家有关,下面是"豕",即猪(汉典网)。在中国文化中,故乡、家,可谓永远的主题,无数文人骚客吟诵,心理所依远大于实际所居,现在人们还常唱"常回家看看"。

房子除了这样一种外内在需求,它还是人类独有的造作。它需要想法、计划、协作、运用材料等作为人类的存在特征。施泰纳在《人的智识》中提到,如果与动物相比较,河狸的洞穴是由河狸的身体来决定的。动物有这样完备的所谓本能智慧,而人几乎不具备,但人能够建起遍布世界的房屋,甚至直指天空的高楼,因为人拥有头脑,产生想法,进而运用工具,不仅仅是依靠本能。而身体与建筑的关系又是有意思的话题,它既有古代的智慧,也是现代向度。从维特鲁威人——介绍达·芬奇的书里常常有由手臂构成圆弧的裸体男子,到安东尼·维德勒(Anthony Vidler)的现代建筑理论,都能看到这个关联。身体与建筑都有三维立体空间,都有清晰的内外关系,不只是一大堆材料堆砌起来即可。它们都需要建构起来,都需要有精神才能够使一大堆矿物材料伫立。人类精神让房子立起来,世界精神让人类立起来!

在华德福学校,都有一年级入学评估,老师们在进行评估的时候,会请孩子在做一点运动之后画一幅画。画的内容是一所房子、太阳、树、人、溪流等。通过画的房子,老师会来分析孩子从身体发展与心理意识发展上是否做好了一年级入学的准备,并且把这个作为重要的入学参考。通过观察孩子的绘画,你可以看到孩子的身心及精神发展状态。比如孩子画的房子没有窗户,那也许孩子与外部世界有所阻隔;线条轻飘飘的,房子没有根基感,也许孩子还在自己的想象世界之中,没有"生"到大地上来;孩子画的房子有烟囱,就像"天线宝宝"有天线一样,也许表示着与未知世界的某种连接。

"施泰纳在课程中给到的华德福学校关于三年级的所有建议,目标是建起一层鞘膜去包裹孩子的'自我'。举例来说,那些建筑课,墙被立起来,盖上屋顶,外在世界被隔离开。在孩童体验形成自己内在空间的过程中,这个空间的体验恰恰是他们需要的,这样他们就发现他们自己。"在《面对自我——九岁的转变与目的》(*Encountering the Self*)一书中,瑞士华德福资深教师赫尔曼·科普克(Hermann Koepke),很好地揭示了三年级建筑课的目的。三年级的孩子囟门完全闭合,身体增长,通过建筑一座结构完全的建筑,也算是一个发展阶段的庆典。和我一起办学的黄晓星老师说:"三年级建筑课的目的,就是引导孩子做一个内在的建筑,一个人类的庇护所。"这是一个经典的概括。身体构建的进一步完整,建筑也应该是完全的,在个别华德福学校,建筑课去修一堵墙,贴一地地砖,这似乎离建筑课本身的意义有距离。

在学习建筑板块之前是学习长度的测量,学生可以开始学习记日记,三年级记日记,带入准确一点的时间观念,呼应时间的学习,也是很好的。在创世故事中讲庇护所的故事,比如有巢氏或诺亚方舟。这样就为建筑课程有所准备。

在教学实施中一般有以下内容。

1. 介绍建筑,重点是建筑的意义和温暖感

> 树叶是小毛虫的摇篮,
> 花朵是蝴蝶的眠床,
> 歌唱的鸟儿谁都有一个舒适的家,
> 辛勤的蚂蚁和蜜蜂都住着漂亮的大宿舍,
> 螃蟹和小鱼的家在蓝色的小河里,
> 绿色无际的原野是蚱蜢和蜻蜓的家园。
> 可怜的风没有家,
> 跑东跑西也找不到一个地方休息;
> 漂流的云没有家,
> 天一阴就急得不住地流眼泪,
> 小弟弟和小妹妹最幸福啊!
> 生下来就有爸爸妈妈给准备好了家,
> 在家里安安稳稳地长大。
>
> (杨唤《家》)

没有什么能比这样一首诗陪伴着开始建筑课的旅程更好了！从动物的庇护所引申到人类物理的庇护所——房舍，再到心灵的庇护所——家。在以后的做房子的过程中，孩子们对自然手触目及，充满了目的性和指向性——工作是为了我们的安好和温暖，这样使孩子的活动就有了意义。

然后老师会向孩子们介绍不同的居所，川西的茅屋、陕北的窑洞、广东疍家船屋、泰国的竹楼、非洲的树屋、北欧的冰屋……带孩子看房屋的图片。这些房屋最好在特定的环境中，这样孩子们就会看到房屋与环境的关系，也可以画出房屋的样子。不同的生活样态激发出孩子们的想象力。孩子们还可以做一两个房屋样子，或自己设计一个。教学中间老师可以带孩子看看周边的老屋和有特征的建筑，让孩子们具体感受一下实际生活中的建筑样式。

在实际教学中，老师注意不要在介绍各类建筑上花太多时间，实际的体验需要更多的时间。

2. 决定建什么，重点是想法和兴趣

"2008年12月18日。今天讨论屋的样式和尺寸，孩子们非常兴奋。我们共同确定——建一个玩耍屋。房屋的材料：木头、红砖、粗麻绳、树皮。房屋共两层。第一层用水泥和红砖砌墙（一半高），用竹竿做竹竿墙；房角有一个绳梯可以上第二层的小阁楼。小阁楼四围使用印第安绳结法用粗麻绳围住，最后用一个系绳或一个滑梯通向地面。

"随后又确定多大的尺寸。有的孩子说高5米，有的孩子说高1米。为了让孩子直观看见1米和5米的长度，我亮出卷尺，脱鞋踩在课桌上，测量教室的层高，2米87。又在走廊上测量5米的长度。……考虑第一层站着不碰头，第二层的小阁楼'猫'着很舒服，门及绳梯的通道进出不卡身体。激烈讨论一番后，我们确定玩耍屋的总高度为2米80，小门宽50厘米，高1米50。"

以上是成都华德福学校傅蕾老师带的一个三年级班集孩子建房时，自己日记记载的内容。我觉得这是一个不错的样本，以下摘录部分都取自她自己的《建筑日记》，感谢她允许我使用！

我们可以通过日记看到孩子们的积极参与。这个过程他们充满兴趣地全面参与——是他们在建他们的房子，不是老师、工人师傅、家长为他们建房子。同时，孩子们熟悉校园，这能让他们能够提出真正的需求，无论是为幼儿园小朋友，还是为小动物。

这样的课程也正好能够发挥他们的想象力，这个想象力常常对他们来说是最有力的鼓舞。比如也许为幼儿园建一个玩耍屋，尽管学校有好几个了，但能建一个给小弟弟小妹妹的东西，能永久地伫立在那里，也叫人兴奋。

当然，作为老师，我们要考虑学校自身的地理状况和真实需求，以及班级人数、能力。首先要考虑的是这个建筑最好是孩子们能够平时使用的，或能给其他低年级同学使用的，甚至提供给校园里的动物们使用的，比如一个玩耍屋、一个农具储物间、一座狗舍，等等。其次，我们做的是一件与校园生活相关的事情，有实际意义的事情，而不是仅仅将做出来的东西当摆设。现代社会，恰恰很多时候我们的教育指向的不是意义，而是 show off——做做样子。脱离意义，再成功的教育都是失败！

再有，修建的建筑当然要考虑到孩子们的人数和能力，量力而行很有必要，持续时间太长，花太大的精力去做，很可能做不完，会影响到教学效果。目标预设时，要考虑到建设的东西不用相当完美，教育总是在不完美的地方发生。孩子们的参与是最重要的。整个修建的过程既不是主要靠孩子们来做，也不是主要靠成人来做，这个过程就是孩子们参与、模仿，与成人协作的过程。

在这个过程中老师要注意切忌把他们当成建筑工人、十一年级的学生（他们学习建筑史）或建筑设计师，对他们来说，重要的还是过程中的想象和感受。

3. 做哪些准备，重点是周全与细致

2008 年 12 月 29 日

今天，我们对玩耍屋做预算。砖头 700 匹，每匹砖 5 角，共 350 元；圆木 6 根，其中 2 米 4 的 4 根，2 米 8 的 2 根，若每米 30 元，多计划一点就大约 600 元；师傅指导费 800 元；买水泥 6 包，每包 30 元，共 180 元；树皮 6 平方米，每平方米 20 元，计 120 元；其他辅材 20 元。总计 2 070 元。

这样细致的材料准备，结合他们钱币的学习，学以致用，又把孩子从没有概念的弥漫的想象中带到实际生活中来，让他们认识生活。

此外，心理上和身体上的准备是必不可少的。下面是傅蕾老师所带的班级自己创作的一段短诗，作为每天工作的开始：

> 我有一双灵巧的手，
> 我有一颗热忱的心，
> 热爱劳动，尽力劳动，
> 愿我的工作为世界带来美和光，
> 善和力。

让孩子们认识到世界是由劳动推动的。正如卡尔·马克思所言："哲学家用不同的方式解释世界，重要的是改变世界。"

作为老师，做好资源准备，也是十分必要的。

4. 如何上课，重点是合理安排和坚持

2008 年 12 月 30 日

吹完竖笛后，早早带学生到工地。今天的工作是铺砖、砌墙。伟和老师带男孩子和水泥，并把水泥运输、倾倒在挖的地沟里。我带着女孩子们搬砖，把砖运到离墙近的地方。两个不同的小组很默契地接力传递，有效而迅速。

作为课程，建筑板块一般有三周的时间，在这三周左右的时间段中，既要有节律地上课，又要有建房子的实践内容，这是对老师的一个考验。老师们的经验是：所谓晨圈——早上的音乐、朗诵、运动等热身——继续保持，之后根据当天要工作的内容安排实践，完成之后当天记上日记。这样每天有不变的部分，也有变的部分。在实践部分，老师一定要分配好孩子的工作，像上面傅蕾老师提到的一样，分组是必要的方式。提出清晰的目标和要求，要让孩子达到。同时分工合作，一定要让每一个孩子有事可做。学生的分配是实施过程的关键点之一。如果孩子比较多，一定会分成两组，甚至三组交替工作。因为施工场地不允许所有孩子同时工作。如果建一个茅草屋，垒砖、砌砖，可以考虑一部分同学做，另一部分同学帮助抬木料，或梳理稻草。如果班级人数太多而当天活太少，可以一部分同学工作，另一部分孩子留在教室里做写写画画的事情。

劳动的过程是辛苦的，更是愉悦的。

2009年1月7日

天气晴好，三个小组不到半小时就锯完了91根竹竿。

比起锯竹竿，锯树皮就困难多了。树皮又湿又厚，锯子又大又长，很容易卡住。我试了一根，很费劲，更别说班上八九岁的孩子了。然而我看到，没有一个孩子恐惧退缩，每一个都在勇敢尝试。

不久，忙碌的孩子中，传来快乐的声音：

"快看，我锯的是桦树皮耶，有一股清香味！"

"我锯的是香樟树皮，好香啊！可以驱蚊！"

5. 如何展示成果，重点是回顾与仪式感

"完工了！一座由三年级孩子自己想象设计的'玩耍屋'在一个月零五天后，呈现在小树林中。它的旁边，是翘翘木和秋千，小屋有一条镶嵌着石头的小路通向梅花桩——与整个环境联为一体。我们内心的激动难以言表。"

我在西方感受最深的是他们做什么都郑重其事。另一方面，他们很重视自己的工作成果，更别说孩子们的。在英国实习的时候，孩子们完成一个泥烤炉，或是石灰炉，不管三年级，还是七年级，都会开个小party，庆祝一下。这其实这是对人的尊重，对劳动的尊重。

成都华德福学校建校到现在，我们学校各班级完成一个项目，也会庆贺一番。我还记得傅蕾老师班完成项目后，举行了一个小小的挂红花剪彩仪式，小屋上贴满孩子们写的诗歌。孩子们的主课本、日记本、建筑小模型等，都可以摆放出来，相互观瞻。家长也过来庆贺。孩子们的成果得到家长认可，更是开心。

> 只要有一条小路，
> 从我的小屋出发，
> 我就能到达世界任何一个地方
> 我和我的小屋，
> 没有孤单与悲伤。

孩子们与傅蕾老师集体创作的这首诗，是课程的最好注脚。而海子那首著名的诗歌，更是让孩子与大地、与建筑深沉呼应的绝佳诗篇。

> 从明天起，做一个幸福的人
> 喂马、劈柴，周游世界
> 从明天起，关心粮食和蔬菜
> 我有一所房子，面朝大海，春暖花开
> 从明天起，和每一个亲人通信
> 告诉他们我的幸福
> 那幸福的闪电告诉我的
> 我将告诉每一个人
> 给每一条河每一座山取一个温暖的名字
> 陌生人，我也为你祝福
> 愿你有一个灿烂的前程
> 愿你有情人终成眷属
> 愿你在尘世获得幸福
> 我只愿面朝大海，春暖花开

主要参考书目

[1] 苏珊娜·帕尔奇. 建筑的历史[M]. 吕娜，等，译. 上海：学林出版社，2009.
[2] 梁思成. 中国建筑史[M]. 天津：百花文艺出版社，2005.

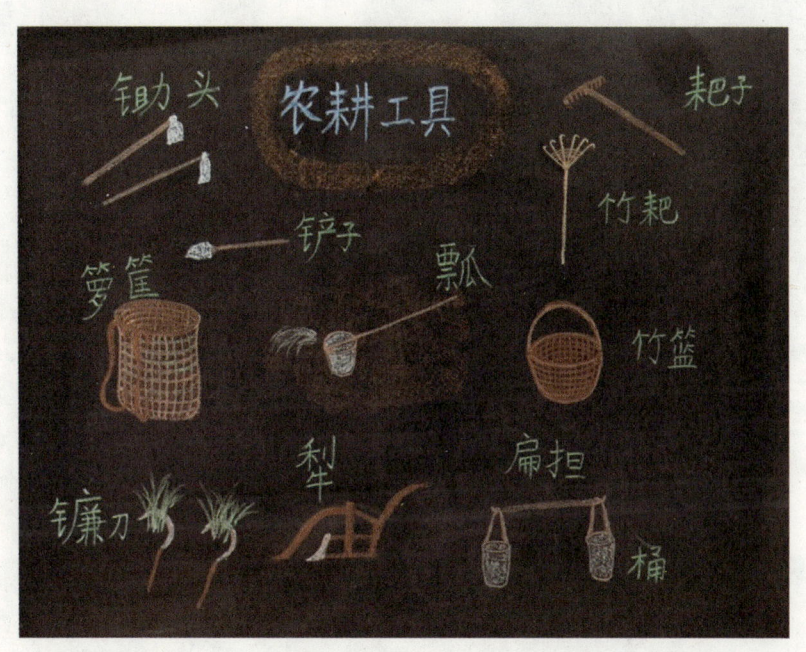

温 馨 画

农耕板块（三年级）
Farming

> "像种子在泥土中发芽
> 我在我心灵中展开自己"
> ——《面对自我——九岁的转变与目的》（瑞士赫尔曼·科普克）

谈到农耕板块，立即唤起我的鲜活回忆，那是我带的第一个华德福班级去成都附近一个叫郫县安龙村的地方进行田野旅行，也是农耕之旅的活动。那个班级有7个学生，他们是中国大陆华德福学校的第一个班级，三四年级混合。

农耕课程是华德福教学中的一个重要组成部分。它是有组织、有计划的一种课程，不是随性所致的一拍脑门，或是像有时报纸上报道的，偶尔带孩子去农村体验，大有作秀嫌疑。为什么是三年级？我已经在前面多次介绍到，孩子进入9岁关键期，自我意识开始发展，国际课程大纲是这样说，"它是这样一种体验，意识到自己与周围环境，无论是人，还是物，分离开来。"而这种分离，是自我意识发展的结果，也就需要提供机会，让他们更好地认识周遭世界，从而也慢慢认识自己，以及自己在世界之中的定位。

农耕板块分成两个部分：在教室里的学习和教室外的实践。教室内的学习是让孩子体会认知到农耕的重要性，以及历史和相关内容；教室外的实践，典型的就是"田野旅行"，即老师带孩子们到农场或乡下，体验农事，生活、收获，认识周遭环境。

关于农耕的学习，我是从一个最简单的问题入手：我们吃的米是从哪里来的？

"从超市来的。"

这个回答也算"标准"，还是国际性的，因为以前外国老师也这样告诉过我的国外孩子这样回答。当孩子这样回答的时候，我总想起"四体不勤""五谷不分"这样的词语。我父亲是电信局职员，母亲是教员，但我一直在川西农村长大，栽过种过，挥汗如雨过，拉过大粪车，跳过农业"丰收舞"。那个时候的孩子，知道农事艰辛，也有行走大地之上的宽广与快乐。想起来，我至今不能忘记门前的清清溪流，傍晚竹林的蜻蜓飞舞。但我们怎样让这些生活在城市鸽子笼里的孩子感知农村世界？古代是"日出而作，日落而息，凿井而饮，耕田而食，帝力于我何有哉？"（《击壤歌》）而现代是去超市买米，斩断食物与大地的连接，人力与食物的关系完全显现不出来，没有歌里的豪迈与怡然自得！而似乎是只要有钱啥都可以买。

"昼出耘田夜绩麻，村庄儿女各当家。童孙未解供耕织，也傍桑阴学种瓜。"范成大的《田园四时杂兴》诗中描写了夏季田园繁忙的景象，以及乡村孩子对成人的模仿。中国是一个非常重视农业与农事的国家，从祭祀时代开始，传说的《夏小正》谓"鱼陟负冰"（鱼升冰融），"农纬厥耒"（丝缠耒耙），"初岁祭耒"（开春祭耒），都展示着远古华夏的农耕文化。如果说《夏小正》带有后人杜撰或整理的嫌疑，那么商甲骨文卜辞农事内容的丰富就明示着华夏文明农耕的重要因子。

有时想象一下，中国的农耕文明至少拥有4000年以上的历史；而工业和城市文明真正在中国大陆占主导地位是从改革开放80年代算起，不过30多年——高楼、商场超市、私人轿车。这两者是如何的不成比例——时间长度相较百分之一都不能到，却又巨变无比。这30多年国人生活方式彻底以城市为主导。以前，农业文化与农业意识、农业社会生活方式完全占据我们血液的每一个细胞。时间上，天时、季节；空间上，山川、田野；与风、太阳、水、土的关系；人力、农具、庆典等，这些构成重要的农耕文明的细胞，包括因之而来的天人观念、人伦观念、神人观念。而现在城市的人居"鸽子楼"，钢筋水泥商贸中心，汽车、飞机、互联网，又如何影响到天人、人伦、社群、自我意识？但同时哪些亘古而来的东西，又作用到我们灵魂深处的哪里？

文化的巨大变迁暂且不表。

在教室内，孩子们可以先学习相关农事的内容。耕读传家，人需要吃饭，也需要精神生活。我，以及我们许多老师在三年级的这个内容教学，都将自己的农村生活经验分享给孩子们，这恰好也满足孩子们对世界传记般的探讨。《天工开物》里面的农事，比如《乃粒》篇，或以前民国老教材的农事内容都可以借鉴。栽种、整地、翻土、平细、开陇、下种、施肥、浇水、管理、收获，金木水火土，人力畜力，一个也不能少。同学们在校园中早有尝试，理解、形成图景也并不困难。这在孩子们的主课本上也有很好的描述。结合时间的学习，学习农时，认识农具，学习相关诗歌。

农谚是很好的学习内容之一，"清明要明，谷雨要淋""芒种不种，过后落空""白露早，寒露迟，秋分种麦正当时""万物土里生，只要两手勤"，既有物候，也有农事，还有勤劳的道理。通过农谚认识二十四节气——春雨惊春清谷天，夏满芒夏暑相连。秋处露秋寒霜降，冬雪雪冬小大寒——也很重要。

在教室内的学习做好一定准备后，就可以到教室外去实际体验了！下面是一个例子，是我带华德福第一批孩子去田野旅行的实例。

安龙村全家河坝在世界文化遗产（WCH）都江堰的下游不远处，都江堰支流流淌而过，水系发达，固需安龙。在中国，龙很多时候与水联系在一起。在一个民间协会的帮助下，安农村尽量保持着成都平原传统栽种和生态循环方式。河坝里好几户农户，坚持不用化肥、农药，实现着有机栽种。

我们准备好行头，带好药箱，奔赴"战场"。说奔赴战场，也不算夸张，因为农村称农历五月为"红五月"，也叫"双抢"季节，即"抢收"与"抢种"——抢收小麦，抢种水稻。人们大多在农季"小满"与"芒种"间，要收种停当，否则"人误地一天，地误人一年"，因为"收麦如救火"，"春争日，夏争时，一年大事不宜迟"。

午饭之前我们到全家河坝农户家里。我和同行的女同事劭蕊分别安顿孩子。我这里为什么特别提到女老师，是因为出行时应该两个性别的老师都要有，因为除了对孩子们学习进行指导而外，我们还要做到好几"陪"：陪吃、陪玩、陪劳动、陪睡。陪睡是不同性别的老师晚上分开住宿，以照顾不同性别的孩子。同时，不同性别的老师，也带来不同的特质，这样孩子可以学习不同性别的成人的品质。

带孩子出去学习，无论短途还是长途，国内还是国外，住宿是一个需要重点注意的地方，一定要对住的地方有比较细致的了解。首先是安全性，必须保证绝对的安全；其次是适宜性，适宜性是指环境相对安静，比较能够做到防蚊虫；再次是老师容易照顾。万一孩子生病，老师也要知道最近的医疗机构，以及运送工具。

安顿好孩子后，我们进行周边环境认知。老师带着孩子们在住的这人家附近和要收获的目标田块转了一圈。孩子们欣赏到田畴美景，感受到收获的喜悦。

田野旅行，重要的是培养孩子们的意志力。意志力的培养是现代社会的大问题，因为它需要节奏和重复。节奏和重复在学校里相较而言，容易建立，但在田野学习、生活就容易被打乱，而这恰恰是需要克服的。在后面的一个田野旅行计划表中，大家可以看到这个稳定的节奏。

我把主要的几件事说一下。

帮厨：一个大大的农村的柴灶，它有深深的灶膛，后面墙上供着一个一脸和气的灶神。孩子们从不远处的柴圈用火钳大夹大夹地把我们收获的油菜衣子（油菜豆荚外壳），或是大把的油菜秆送进灶膛，火熊熊的，主人或是老师，挥动着大铁铲，在大铁锅里翻动着菜蔬，土豆的自然味道，韭菜的浓烈清香，回锅肉的鲜辣和肉味，弥漫着整个屋子。摆好桌椅，放好碗筷，说过谢饭诗，便一起享用新鲜健康的食物。饭后大家一起收拾整理。孩子需要诸多能力，生活能力一定不能少，因为他（她）成人后面对的第一要务就是面对自己的生活，而不是带着妈妈去上学，带着妈妈去上班。我们决不能培养"四体不勤""五谷不分""六亲不认"的孩子。

劳动：收回油菜籽和菜秆，插秧是我们的主要任务。中国城市十分现代化了。伦敦、纽约、东京、柏林，在现代化这一点上我真的看不出与北京，或是与成都的区别。但是，驱车出成都，不到一小时，完全还是刀耕火种的时代——牛拖着铁犁犁田，劳力就着木制拌桶打谷，人手动插秧，火烧废弃秸秆。我说至少两千年了，都是这个样子。我们也是这个样子，用四川叫的"粮掀"，一种顶端有着硬竹条扎成的拍打面的长木柄农具，奋力拍打堆在宽大竹席上割来晾干的油菜，翻卷着拍打面，每一个人都咳刺咳刺地用力，班级上大一点的孩子用着吃奶的劲儿，小一点的孩子一摔"粮掀"，人差一点被拽进竹席中。打出油菜籽，收集到箩筐里，然后收拾油菜秆，以及油菜衣子，老师和孩子们都把捆好的油菜秆自己能背的放到背上，不能够自己背抬着，拽着，反正想方设法弄回农户家。

插秧是把田块收拾干净平整好，灌上水，施上肥，把育好的小秧移栽到大田之中，孩子们戴着草帽，在太阳底下，一行行，一列列地认真栽种着，当然有时会被水里的某种居民吓一跳，然后又继续进行。他们能够坚持，我们非常欣慰。

学习：除了定时的学习内容，以及劳动、生活外，有三个活动我要提及。一是分享家庭和本地历史；二是学习辨认草药；三是找寻河流的源头。

"我们是外姓，从安岳那边搬过来，有人要欺负你，那个时候这里地势低，到处都是水，夏天水更大，到处白晃晃的……"孩子们都围坐在圆桌边，静静地听着女房东的讲述。

了解一个地区文化社会生活的最好的途径就是听本地居民讲述，而本地居民的故事是最直接的了解方式，既是图像化的，又是情感的。那些对这片土地的爱都装置在每一个声音的韵脚和讲述时的动作中，这个四川嬢嬢（阿姨）的本土腔调的讲述把外姓一家在异地努力扎根、持家的历程平实地衬托出来，这里，人和所在的环境是结合在一起的，我知道，这是老师作为组织者一定不能错过安排的内容。

药草辨认也是这个阿姨提供的，在田边地头随便扯起一窝植株，告诉孩子们草药的名字和功用，这个车前子治咳嗽，那个夏枯草帮助睡眠，这些三七可以敷伤口止血，那些野薄荷可以泡茶，清凉解毒……特别是灯笼花（蒲公英）、金银花，就可以制作我们带的随身预防药物，孩子们大为惊讶，怎么也没办法把这些植物与那些药物联系起来，一个劲问，这些植物是怎么做成药的。

寻找河流的源头是和地理学习紧密联系在一起的。我们穿戴整齐，从住的地方出发，逆河而上，踩田埂，穿竹林，跨小桥，钻大桥——我们唱着《走在乡间的小路上》，从桥的下方钻过去，孩子们有着完全不同的视角，他们先是很谨慎地来到桥下，之后就得意地在桥下打闹起来。我们一直走到上游河道分叉的地方，也顺便介绍两千多年前都江堰水利枢纽的作用。

一周的时间很快就过去，中间有家长过来探望过孩子，我们老师意识到，这次对有些孩子来说，是第一次离开家长住宿。

第一次的田野旅行，有很多的收获与不足，而一个大的不足是收稻的季节没有返回去收稻，这使得我们的田野旅行不够完整。

从第一次的农耕旅行到现在，成都华德福学校至少有8个班级做过这样的事情，尽管内容不同，但老师给予孩子的方向是相同的。以下是成都华德福学校老师做的一个田野旅行计划，也是去安龙村，事实上也是按这个计划实施的，颇具典型性，供大家参考。

三年级田野旅行计划

时间：6月4日—6月8日

地点：四川成都郫县安龙村

班级人数：21个学生，（凌峰因为腿伤不能参加，我们祝愿他早日康复）3个老师（章敏、远斌、傅蕾）

农耕内容：菜籽榨油、插秧、推豆花、识草药、赶集、榨菜油、摘香草、做精油、

手工编织（草编或竹编）、采摘有机蔬菜、烤土豆、生火、帮厨、做堆肥

住宿：高家提供床铺及床上用品

用餐：高家吃素，菜做得好吃，提供鸡蛋，（如果有鸡蛋过敏的请书面告知老师）

每人每天70元（含住宿费）

洗衣洗澡：高家提供，有热水供应

交通工具：校车接送 2 辆　　　做作业大圆桌：高家准备大桌

每日作息，根据实际情况做相应调整

7:30　起床、整理床铺和房间、洗漱

8:00　帮厨、早餐、清理

9:00　田间劳作

10:30　休息和点心

11:00　田间劳作

12:00　帮厨、餐前准备、午餐

13:00　午休

14:00　整理内务　检查卫生

14:30　分享时间（田野日记）

15:30　田间劳动

16:30　点心

17:00　田间劳动

18:00　餐前准备、晚餐、清理

19:00　散步和乡村游戏

20:00　回顾一天的工作

20:00　写日记与洗漱　与家人联系（轮流）

21:00　熄灯、悄悄话时间、睡觉

费用预算

每人 500 元，含孩子赶集时的零花钱 50，赶集当天发到孩子手里，多余的放入班费。

学生行李内容：

1. 生活用品：洗漱用品包（毛巾、牙膏和牙刷、梳子），换洗衣服四套（两长三短），其中要有宽松的中裤，裤脚可以收边的；有背带的水壶（很重要）；帽子、凉鞋和拖鞋、运动鞋各一双，1.5 米的床单一床

2. 学习用品：日记本（老师发）、蜡块、彩铅、竖笛

老师准备物资：

1. 药品及工具：白药、驱蚊膏、草帽、农具
2. 洗漱用品：天然大瓶的洗发水和沐浴露、脸盆 25 个
3. 应急资金 2 500 元（此项说明：财务退一周伙食费 1 575，去年冬至节班费收入 959.4 元，其中 500 元捐献给石头爷爷——帮助我们学校建设，环境美化，不幸患癌症的德国老师，故剩余 459.4 元）
4. 应急灯及电筒

注：孩子不允许带：钱、食物、玩具、手机、游戏机、漫画书、手电

人员情况、时间安排、内容计划、物资准备、注意事项，一应俱全。读者朋友可以看到老师安排得细致、具体，不打无准备的仗。而孩子们不允许带的东西，恰恰是最影响孩子们专注于当下生活劳作的东西。他们在那里并不需要，需要的是吃好、睡好，与大地植株交流，与老师同伴交流。

农耕回去后的回顾是十分必要的，照片记录，主课本记录展示，随队老师制作的幻灯片，都是很好的、可利用的东西，可以让孩子们把美好带入记忆里。

主要参考书目

[1] [德]卡尔·奥斯陶斯. 生物动力农场[M]. 丁维，李慧敏，译. 长沙：湖南科学技术出版社，2012.

[2] （明）宋应星. 天工开物[M]. 杭州：浙江人民美术出版社，2013.

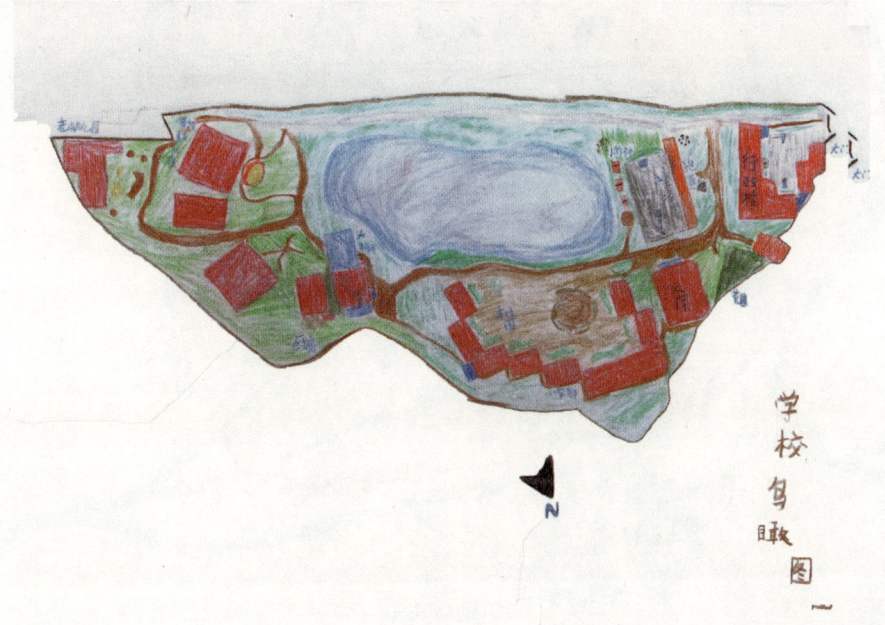

温馨 画

本地地理历史（四年级）
Local Geographye & Historye

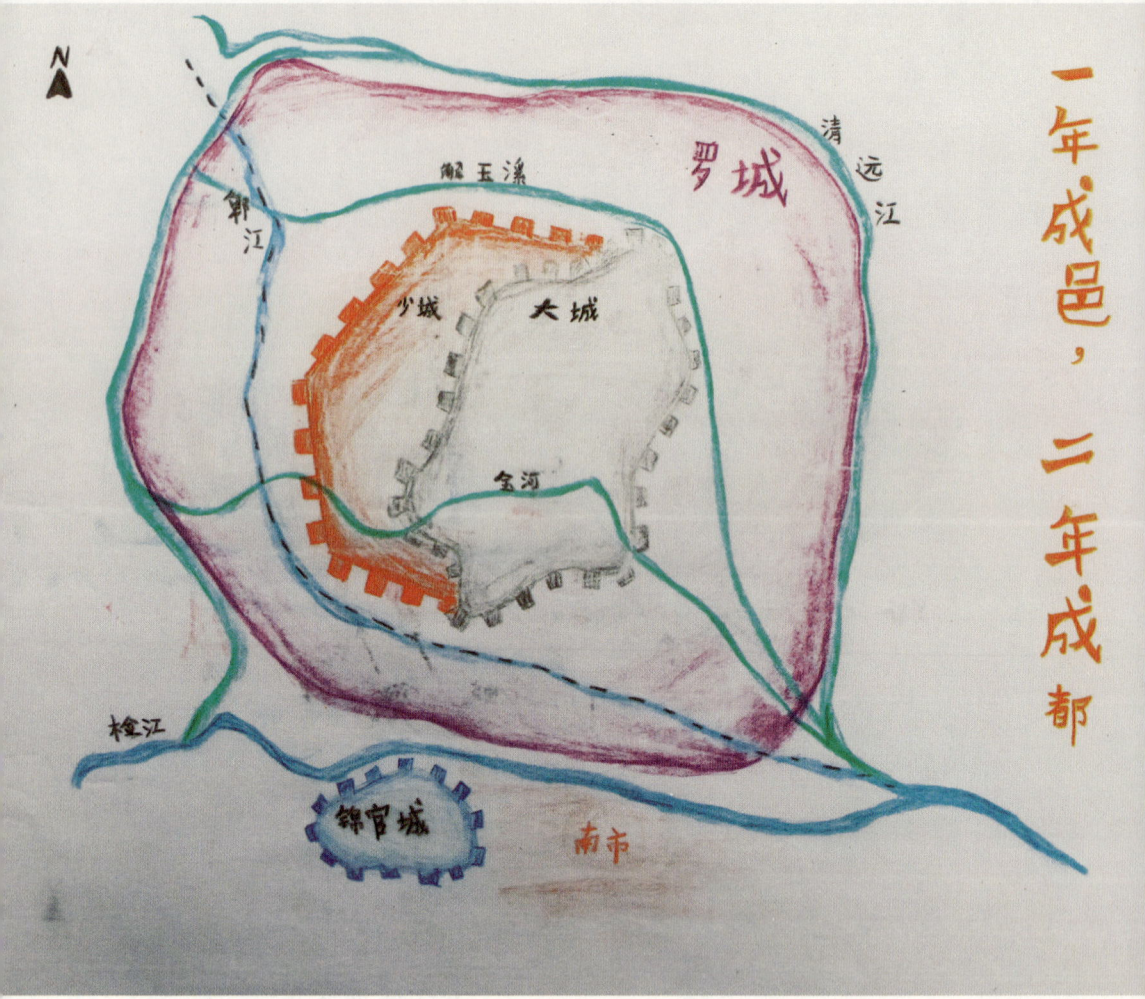

温馨 画

到最后，地理和历史可能完美地交织在一起。因为很多的主题都可以结合到地理课当中。

——施泰纳《给教师的实践建议》

"古蜀国的'蜀'字啊，据说是吐丝的蚕的样子，可见当时人们就会利用这种小动物了，古蜀国祖先还有个叫蚕丛的蜀王，据说是他教人们蚕桑。采桑养蚕得丝。据说他的眼睛斜着，鼓出，像螃蟹，也像三星堆文物中的青铜面具。他和族人住在岷山的石屋子里，后来移居到了现在叫郫县的地方，他是蜀地第一个王。后来还有一个蜀王叫鱼凫，教人打渔。传说已很久远，甚至唐朝大诗人李白在一千年前就感叹，'蚕丛及鱼凫，开国何茫然？'"

老师讲的是四川本土传说故事。本土传说故事是四年级本地历史地理学习不可或缺的内容。

我觉得施泰纳在研究人类文化的时候很重视两条线索，他称之为"人类学"（Anthropology）的方法：一是人本身呈现的特征性东西，包括身体外在表现和内在结构，比如概论中提到的大脑神经系统、血液循环系统、新陈代谢系统，等等，它们是有孩子心灵精神的一种对应关系；另一方面，是人作为类的存在与环境之间的关系所呈现的特征，比如北欧与南欧人生态与气质的不同，以及它们作为种群的特征。而四年级本地地理历史的学习，就是孩童自我对周遭环境——家乡的有意识的认识。如果我们把孩童个体的精神比如一滴水滴，这个精神犹如一滴水滴，它需要器皿来承载，同时，它作为个体灵魂必要融入到群体——本地区社群灵魂之中，方才不会干涸。如果个体不深入体会自己所在社群的文化，他便无法得到这个社群的精神。爱国爱家乡教育这样也能"不言之教"。而四年级是迈出的第二步，第一步是三年级的建筑与农耕。

从孩童自身意识上来说，四年级的孩子经历了"九岁危机"的分离，对外在的世界更能客观地去观察和了解，本地地理历史的学习在这个时段能满足孩子去探索世界的愿望的课程。

在教学中，历史与地理的学习是纵横交织进行的，让孩子从体验中去感受本地的历史变迁和地理特质，而在这个过程中，语言的学习也是其核心点。因为语音、语言最能体现本地的文化。

> 九天开出一成都，万户千门入画图。
> 草树云山如锦绣，秦川得及此间无。

诗仙李白《上皇西巡南京歌》中的这一首（一共十首）想象力宏大，言语劈空而出，囊括强悍，无所匹敌！把成都独一无二的环境、生活景象和自然风貌一展无遗。

《华阳国志》对蜀地的描述十分有趣，其卦值坤，故多"斑彩文章；其辰值未，故尚滋味；德在少昊，故好辛香；星应舆鬼，故君子精敏，小人鬼黠；与秦同分，故多悍勇"。这说的是从卦象上来看属坤卦，所以斑彩文章多；从时辰来看是未时，所以喜好滋味；从德行看在少昊，所以喜辛香；星应舆鬼位，所以君子精敏，小人鬼黠；地理上与秦地同列，所以人多悍勇。

"一年成聚，二年成邑，三年成都。"（《太平寰宇记》）作为有 3200 年以上历史的古都，有太多可以探究的东西。我觉得这些方面是应该覆盖到讲成都平原有几个关键点时需带给孩子的。一个是四川盆地——事实上，我们成都华德福学校就在成都盆地盆沿最边沿的地方！盆地所带来的气候，温润，太阳日照偏少，人们喜食辣椒，性格比较温和，嘴壳子（嘴巴）比砣子（拳头）硬。二是内陆耕作文化的敬天、敬老、循农时。对大地的依托依附，对劳作的赞美，对天时的紧迫。三是都江堰水利枢纽工程。"水旱从人，不知饥馑，时无荒年，天下谓之天府也"（《华阳国志》），所以人们说，"扬益熟、天下足"，指扬州、益州（成都），丰收，天下都可以有饭吃。四是富庶，地理、气候造成了物产丰富的"天府之国"。五是蜀文化来源的独特性。如果我们去三星堆、金沙等博物馆，我们会看到大不同于中原文化的古蜀文明，比如眼睛凸向外的巨大纵目青铜面具、金面具、金权杖，以及各种稀奇古怪的动物样态。它与南美、西亚，甚至非洲古文明有类似的地方。

以下是成都华德福学校本课程惯常涵盖的内容。

一、本地地理

对家的处所描绘，比如自己的房间；从家到学校的地理特征描绘；一个自然生态的地区（比如四川盆地）的介绍；学习方位；简单的地图绘制，有图景和颜色，立足于观察与发现山丘、峡谷、河流、道路、建筑物特定标识的地方；粗略区分不同种类的植物和它们的出产地、动物和它们的环境；本地使用的自然材料等。

这里说几点。

1. 从家开始是很有必要的，因为家是孩子走向世界的出发点。然后到学校，附近社区，再到稍微远些的地方，地理的认识层次清楚，不是一来就从本省、本国地理开始。"知所先后。"(《大学》)

2. 方位的学习是地理认识的一个基础。老师们常常爱用"早上起来，面向太阳，前面是东，后面是西，左面是北，右面是南"来直观引导孩子去认识自然方位。

3. 简单地图制作，可以用具有代表性的地形、植株、房舍示意图来制作地图，这样的地图在完全真实的图画与平时用的抽象的地图之间。

4. 尽管是一个孩子认识逐渐向外的过程，但并不意味着只局限于本地。完全可以给孩子进行延伸，不管是地理上，还是动植物的种群上。施泰纳在《给教师的实践建议》第十一讲中提到的这个观点应该对我们很有启发：从小处、细部入手，但着眼点始终是整体。

二、本地历史

围绕着地理的学习，追溯本地历史和先人。

像本文开头提到的一样，传说故事对此时的孩子有着无法抑制的魅力。传说故事实际上也反映出这个地区的核心传统、地理、自然，甚至经济等内容，并且带着某种情感上的期待与希望，比如李冰治水和鱼凫的故事。一方面是治理洪水，对四川盆地中的成都平原来说，有决定性的意义，而李冰治恶龙、鱼凫王贤良，在情感上有着道德的象征意义。

在教学过程中，对本地歌谣、民间故事、诗歌文章，以及对本地的传统习俗、衣着、手工艺品、传统的技术、水利工程等的了解和学习，这些内容贯穿教学过程，也是坚实、具体的教学支点。比如四川方言农谚、"赶场"（赶集）、芙蓉花（蓉城）、织锦、小吃，等等。

下面以成都华德福学校石蓓蕾老师的内容设计作为一个例子。

- 以教室为中心，分别向东西南北扩大，逐渐扩展到成都平原。探究地形、地貌、气候、动物、植物、农作物等。

- 从学校所在地和琉璃场的历史故事开始，到每个孩子的家族历史，扩展到成都平原的传说、古蜀国的来由、望帝杜宇和丛帝开明的故事以及文翁、诸葛亮、司马相如、薛涛和扬雄等历史名人和都江堰、三星堆、金沙遗址、四川大学博物馆等历史古迹和博物馆。本地民俗：老茶馆、川剧、脸谱、少数民族建筑图案和皮影戏。

- 各种与成都和四川有关的诗歌和故事，如李白的《上皇西巡南京歌》、都江堰的《治水歌》、关于望帝化鸟的故事等。
- 地图制作，从图景转换到抽象的符号。
- 家族族谱和社群关系的线索，时间的计算。
- 园艺。
- 户外露营活动。

这个内容设计涵盖住上面所提到的内容核心，并且可谓十分丰富。我们再来看看她的具体实施。

第二周：

第一天：回忆前几天的工作，探访学校附近的街道，绘制学校周边的地图。

第二天：朗读孩子们的关于学校的作文。展示和改进街道地图。

第三天：展示地图，聆听故事：琉璃场和皇经楼村的历史故事。孩子们用自己的语言写出这个故事。

第四天：介绍成都的来历和河流的分布。学习李白《上皇西巡南京歌》。

第五天：沿河而上，从府南河和沙河的汇合处徒步而上到府河和南河的汇合处——合江亭。

作文：沿河而上之行。

周末：去探查河流的上游，从府南河和沙河的交汇处徒步到府河和南河的交汇处——合江亭。

这是一个一周的计划安排，走访、地图绘制、作文、听故事。她用多种手段让孩子们围绕主题进行学习。

一天的学习是如何进行的呢？

除了走访需打破两个小时主课时间的限制外，一般在这两个小时主课时间会这样分配：晨颂，诗歌、歌谣的学习，也许还有竖笛的吹奏，之后有昨天工作的回顾。比如上面第三天，就有展示附近街道和环境的地图，相互欣赏品评。然后聆听学校所在地琉璃场皇经楼的故事。这里蓓蕾邀请了土生土长、十分熟悉周边环境情况的、一开始就指挥修建学校的阳裕良爷爷来介绍，然后孩子们书写这些介绍的故事。请相关人士介绍和指导是很好的方式，因为老师既是组织者，也是学习者，不用什么都懂。不同的人也拓宽了孩子的见识。"用自己的语言写出"是十分必要的，这里既根据讲述的线索，又有孩子自己的理解和想象力。

我只讲一下我看到他们课程末期的相当于课堂戏剧的《古蜀之旅》。在《古蜀之旅》中，孩子们着古装，分设出不同场景，自然流畅地表现古代农耕、商业、娱乐等场景活动，活灵活现。孩子们格外认真、投入。看得出来，他们投入的是对家乡风物的爱，也有老师对家乡风物的热爱所带来的爱的回应。

事实上蓓蕾老师是用了六周时间，一气到底扎实地把本地历史地理呈现出来，有参观、听故事、绘画与写作，动静结合，了解路径清晰，内容扎实。我看过这个班孩子的主课本展示和前面提到的《古蜀之旅》，这是孩子们对故事、场景、地图、诗歌等呈现的丰富的想象力。

施泰纳谈到"我们要以最自然的方式让孩子认识到一个事实——人的生命可以以不同的方式从很多方面汇聚到一起"。(《给教师的实践建议》) 对家与家乡的了解是爱的一个升华过程。所谓"知之者深，爱之者切"，而这个过程，这个"知"，万不可只是知识的传递！感受、体验、行动的参与是非常重要。简单的知识传递，名词术语，反而常常阻断对家乡的了解，有什么比说出的本地精彩的传说故事，展示美丽品性的人物更令人印象深刻？特别是人物，他包涵所有，存在的前置后置，因之而起，因之而息的机缘。而一出戏剧最能体现。下面是我为第一个班级写的小戏剧《望帝化鸟》。虽然简单，印象深刻。

准备：落下的天梯

纸做的井

带古"蜀"字的头饰，麻披风或麻布

序幕

《华阳国志》：周失纪纲，蜀侯蚕丛，其目纵，始称王……次王曰柏灌，次王曰鱼凫。鱼凫王田于湔山，急得仙道。后有王曰杜宇，教民务农，号杜主。

第一幕　天上落下杜宇王

背景：树林，竹林，葫芦丝吹奏

杜宇王从天而降，盘着发髻，腰系丝络，衣服宽大，手拿玉斧。

"我姓杜,名宇,从天而降,落在朱堤,朱堤朱堤,莫非暗示奇迹?"他巡视四周,抚摸小鹿,饮甘泉。

"我要向西,还要向北。我要去找一个人,一个水做的人。"

葫芦丝吹奏,加笛子学鸟鸣。

第二幕　与利结成夫妻

杜宇:小鹿伴着我,向西又向北,翻越万水千山。小鹿,你真是神鹿,也是我的好伙伴。翻过这道山,我就会找到我的人吗?

小鹿点头。他们作了望状,又向前奔跑,来到山谷中一口井前,从井里升起一个女子,头插鲜花,身披花带。

利:这个感觉好奇怪,仿佛从梦中清醒,耳朵边总听着召唤的声音,是什么在召唤呢?

葫芦丝响起。

利:哦,多么可爱的小鹿,小鹿小鹿,你额头带彩,莫非有神迹?

小鹿点头,围着利奔跑,把她带向杜宇。

杜宇:你是谁啊?

利:你是谁啊?

杜宇:怎么你这么面熟,莫非在哪里见过?

利:怎么你这么面熟,莫非在哪里见过?(同时说)

杜宇:我是……(语塞)

利:我是……(语塞)

小鹿开口说话:你就是你,我就是我;你不是你,我不是我;你也是我,我也是你!

于是小鹿在前,杜宇和利拉着手,在葫芦丝声中退场。

第三幕　望帝为王

百姓甲:听说鱼凫王得道成仙而去,国中无王。常言道:国不可一日无君。不过还好,在这节骨眼上,我们又有了新王,这望帝教我们(加旁白农谚背景)体恤我们,真是一位好王。

百姓乙:对,不误农时,种好庄稼养好蚕。蚕织丝绸;丝绸做衣裳,穿着衣裳好舒服。

百姓甲:对,哦,快看,望帝来了。我有问题想请教他,我们的杜宇王。

百姓乙:对,他真是个好人,不论贫富,都肯相助。不过,眼下这蜀国盆地的洪水,也叫他难办。

(百姓甲乙下,杜宇王上)

杜宇:虽然我勤勤勉勉为王,努力帮百姓分担忧愁,但眼下这洪水却令我大伤脑筋,洪水洪水,你就不能停息,让我的子民安身吗?唉,你这可恶的洪水，年年为患，你这可恶的洪水！

　　一侍卫上：报告大王，听百姓说江上漂来一具死尸，很是奇怪……

　　杜宇：发大水淹死人，有什么奇怪！只是可怜那个人！

　　侍卫：大王，你说奇怪不奇怪，尸首是顺流而上……

　　杜宇：顺流而下。

　　侍卫：顺流而上。

　　杜宇：而下。

　　侍卫：而上。

　　杜宇：上水为逆，下水为顺。

　　侍卫：对不起，大王，那是逆流而上。

　　杜宇：对，那还差不多。哦，不对，尸身哪有逆流而上的，分明只有顺流而下。

　　侍卫：这正是奇怪之处。

　　杜宇：让我们去看看。

　　侍卫：大王，请……

　　第四幕　遇鳖灵

　　（望帝带人到江边去看，那里的河里果然有一具死尸，尸体正逆流而上）

　　望帝：把死尸打捞上来！

　　侍卫：是。

　　（侍卫打捞上死尸，众人正在察看，突然死尸坐了起来，并开口说话，众人吓了一跳）

　　望帝：你是人还是鬼？

　　鳖灵：人。

　　望帝：人？

　　鳖灵：人。

　　望帝：哪里人？

　　鳖灵：楚国人。

　　望帝：楚国人？

　　鳖灵：对！

　　望帝：楚国在万里之外，你是怎么回到这里来的？

　　鳖灵：漂来的。

　　望帝：真是奇了？你愿到我宫中去谈一谈吗？

　　鳖灵：好啊！不过漂了这些天，我确实饿坏了，我要到你那里大吃一顿。

　　望帝：大吃一顿？好啊，走！

鳖灵：走！

（望帝拉着鳖灵的手，众侍卫拥着下）

第五幕　鳖灵治水　为丛帝

（鳖灵指挥众人控沟开河，治理蜀地水患，功劳很大，百姓交相称赞）

望帝：蜀之患，在于水。你治水有方，我想把王位让给你。

鳖灵：真的吗？

望帝：我岂有戏言？

鳖灵：我本不想替代你，但你既然这么说，那好吧，可否把玉斧给我？

望帝：我肯定会给你，但你要用好它，为民造福。

鳖灵：那是当然。（转过脸）老年人，啰哩啰嗦。

望帝把玉斧交给鳖灵，称鳖灵为"丛帝"。

第六幕　望帝化杜鹃

仆人：望帝我王，你知道吗？自从你传王位给丛帝鳖灵，他一天比一天荒唐，大造宫室，选美女，劳民伤财，你应该管管他。

望帝：我的使命已完成了，他是大王，我也管不了他。只是没想到他变成了这样的人，叫我伤心啊，伤心啊！

（望帝整日长吁短叹，悲愤啼泣，他临终后，化为一只杜宇鸟，不停地叫着："布谷，布谷"，催促农夫下种，不要误了农时）

合歌：

这是一只什么样的鸟？

为什么布谷布谷不停地叫。

这是一个什么样的人？

为什么辛辛苦苦勤勤劳劳。

如果可以羽化而仙，

为什么要变成一只小鸟？

它飞过这里的山山川川，

只一心为大地祈祷。

主要参考书目

[1]　常璩. 华阳国志·蜀志[M]. 济南：齐鲁书社，2010.

[2]　肖平. 地下成都[M]. 成都：天地出版社，2013.

[3]　肖平. 地上成都[M]. 成都：天地出版社，2013.

[4]　肖平. 人文成都[M]. 成都：天地出版社，2013.

[5]　冉云飞. 从历史的偏旁进入成都[M]. 成都：四川文艺出版社，1999.

人与动物（四年级）
Man and Animal

宋奕炜　画

马

马的耳朵可以向前和向后，如果它的耳朵向前，那就表示它对你很亲热，如果它的耳朵向后，那就表示它对你很紧张，如果你站在马的屁股后面，它就会用后腿踢你。马分热血马、冷血马、温血马和纯血马。如果马的额头有一个方点儿，这种马叫"流星"如果马的蹄子是白的，这种叫"踏雪"。

马的听觉比视觉要好。马的眼睛长在马头的个面，鼻孔较大，鼻子下面是大大的嘴巴，嘴巴软软的，摸舒服极了，嘴巴里当然就是牙齿了，看马的牙齿就能判断的年龄。连着马头的是它那长长的脖子，上面长有鬃毛，下面是壮的身躯，和它那大大的屁股，有力的四肢擅于奔跑，跑时马尾巴甩的高高的。

马一般生活在森林和草原，马的历史大约为6000年左时在马的每条腿退蓝上的地方，还长着有一条腿退，可早就已经退化了。

乐陆 画/作

"孩子们，大家都知道孙悟空会72变，现在，我们都是孙悟空，有72变的法力，可以变很多种动物，我们一起开始，我说变什么东西，就变成什么，变的时候尽量去想一想，体会那种动物，像它们一样去感受、行动、休息、捕食。大家准备好了吗？"

孩子们注视着老师，兴奋地点着头。

"现在，我们是一只兔子。"

满场孩子们蹦跶着，竖着两手。但看得出来，有些孩子动得很勉强，兔子毕竟……

"现在，我们是一只老鼠……"

老师从教室中间一下子蹿到墙角的桌子下边，瞬间又警惕地钻到对面的沙发后，孩子们一下子也明白了，各自满屋子"鼠奔"。

"现在，我是苍鹰。苍鹰，不是苍蝇。我来捉老鼠了，小心！"

老师落下的姿势，"老鼠们"纷纷避闪。"苍鹰"旋又飞到桌上去，扑闪着一对大大的翅膀。两眼炯炯地俯视着大地的周遭。

"现在，你们是苍鹰了，我是老鼠了。"

"蛇……"

"狮子……"

"现在我们是鱼，游来游去，自由自在……"

"我们是熊猫，国宝大熊猫……"

孩子们随着老师口令"变化"着，老师又说：

"前几天我们学了好几种动物了，现在，我们在动物农庄里面，我们各自都可以变成自己喜欢的动物，尽量做出那个动物的形态，像它们一样去感受，去看周围的世界。"

一声"开始"之后，教室里立即变成了"动物农庄"，"马们"在奋蹄，"羊们"在顶着角，"鸡们"在昂首阔步，"猪们"发出猪该发出的"拱拱"声音，"小象"却摔着鼻子，又笨拙地试图卷食什么，而"八爪章鱼"在地上飞快地爬动，有"鸟"在飞……

这是华德福学校四年级里的一节人与动物学习的主课的热身部分。

华德福课程中四年级人与动物的是一个学习重点，是自然史课程正式学习的开端。这个开端是施泰纳反复提到的世界与人的分别，自己与周遭世界的分别作为前提的，我称为心理动力学发生的前提。这是施泰纳在演讲，特别是1919年德国斯图加特华德福学校——第一所华德福学校开校前的演讲中（参《人的普遍智识》《给教师的实践建议》《与教师的讨论》）集中展示的内容之一。自我意识的苏醒带来自我与世界的区别，但有趣的地方是，孩子的发展是一个渐进的过程，此时的孩子对周遭世界还是想象多于现实，感受起着重要的作用，相对于五年级，这个阶段感受性的学习更多。而感受的基础是人自己。

> 我的头是圆圆的，
> 仿佛微笑的太阳，
> 是它，赋予了
> 每个人温暖与生命。
> 它静静注视着身边的世界，
> 并思索着，一切为何？
>
> 我的身体富有曲线，
> 仿佛是那弯弯的月儿，
> 在它之内，在它之外，
> 有着呼吸，有着运动。
> 我的心房在跳动，昼夜不息
> 也有情感的交替，
> 有悲有喜。
>
> 我的四肢笔直挺拔，
> 仿佛星辰闪耀光芒，
> 是它，为旅途中的芸芸众生
> 指引方向。

它们敏捷而灵活，为我而工作，
去寻找我的使命，去创造去发光！

"开始讲自然史的时候，必须先描述人类，否则我们给孩子讲自然史的目的就完全颠倒了！"（《给教师的实践建议》第七个讲座）。而老师们爱用上面的那首小诗谈到人的头、躯干、四肢，这需要孩子们去感受和体会。人类的独特性就在这看似普通得不能再普通的肢体结构上：球形的、半球的、可弯曲成球状的。思考而发光、感受而律动、行动而创造！简单中的不简单。

人本身具有动物的属性，心理的、生理的。心理的部分，是情绪情感，人智学有一个名词叫"ASTRID BODY"，即星芒体。莎士比亚悲剧也好，蒙古族谚语也好，都有诸如豺狼、山羊、毒蛇的说法，都是指人心中的动物性。二年级的时候，学习寓言故事，里面有大量的动物故事，指向人的本能。这样的一个结合学习，使孩子更能吸收这些知识。

前面我提到过，施泰纳的人智学是强调人的，他很懂得如中国帛书所言"天生万物人为贵"，更熟稔古希腊"人是万物的尺度"。人介于天地之间，可以说是物质与精神两个世界之间，他是出发点，亦是归属，也是各学科的出发点和归属。另一方面，他认为他的人智学其实也是人类学的，Anthropologic，人的物质形态与心灵、精神意识同等重要，并极大程度相互关联对应。具体到人自身的样貌形态，都有十足的精神内涵。

在人与动物的学习中，人和动物有一种对比关系：大自然赋予每种动物一种最突出的特征，比如羚羊的奔跑，狮虎的咬啮，而人的身体缺乏这样的特征，但人具有的自我意识可以通过平衡动物世界的生理特征获得。他们能灵活使用手与手臂。各个关节活动自如，大拇指与食指并列。

通过这样的对比关系，动物也走近了我们。我们看到有的动物具有人的头部特征，比如章鱼；而羊、马是躯干类动物，有强大的心肺功能。代谢系统让奶牛或其他多胃动物显得特殊。感觉神经在活跃的老鼠或其他啮齿类动物中有所体现，如田鼠尤其敏锐。

施泰纳还有个很有意思的说法，人的完美不是来自于头，而是四肢。

四肢使人自由，因为四肢使人真正参与到世界中去。当然直立行走、语言能力与自我意识需要在教学中被提及。

关于人、动物、植物、矿物的学习顺序，施泰纳在建构华德福课程时大费周章，他在斯图加特、牛津、波恩、约克的伊尔克利等地直接谈到自然学习课程的讲演不下 20 次（参卡尔·斯托克迈尔的《施泰纳教学指引及引文》翻译资料），他开始谈到从人出发，动物、植物、矿物的顺序，中间也谈到植物学习在先，人最后等；或是探讨从三年级开始动物学习。他反复考虑的问题是孩子的接受角度，他始终强调艺术化的、体验与体系兼顾的课程。通过近百年的实践，大家比较认可人、动物、植物、矿物的顺序，然后是七年级的天文学、生理学的向外与回到人自身的课程。

以下是《国际大纲》的内容建议。

- 人头部与四肢的两极性以及躯干居中的形态。
- 选择一定范围较熟悉与较不熟悉的动物作为例子。如用牛、老鼠、狮子（或相同种目的动物）说明多样化的趋势；又如来自不同地域的章鱼、蛇、海胆也可。为避免把该课程变成"自然研究"，比起尝试研究多种生物，最好的做法是精心选择几种动物来创造丰富的体验。
- 不同的动物肢体阐明了以上所关注的人的手等主题。
- 人的手与手臂作为体现人类自由的图景——不仅是关节与骨头的生理机能，更是它们活动的形态与实际的现实。同样，人的脚、大腿骨、脊柱都与直立有关，从而造就了人类的特殊性。
- 举例说明人类的局限性是怎样被科技和文明所平衡的。从铁锹到飞机，人类的发明实现了海狸打洞和鹰飞翔的其肢体的特殊本能。
- 反映基本心性特质与内在能力的动物：从高处俯瞰的鹰，公牛的意志力，动力的平衡、轻盈优雅与高贵无畏的狮子。

鹰、牛、狮是三种具有代表性的动物，它们分别代表着发达的神经系统、新陈代谢系统和呼吸系统，可以作为代表性动物来学习。除此之外，具体教学中根据中外老师的推荐，大致可以选择这些动物类型来学习。

鸟类、食肉动物、食草动物、鱼类、昆虫、软体动物；章鱼、乌贼、海豹、鸭、鹰、老鼠、狮子、牛、熊猫。

对鸟类的学习重点是它们的飞翔能力，翅膀；对食肉动物是它们的心肺功能和牙齿；对食草动物是消化系统；对鱼类是肢体形态；对昆虫是它们的灵敏性；对软体动物是肌肉群的力量与韧性。昆虫的学习可以与五年级植物的学习结合起来，包括对蜜蜂的学习。

为对 2019 年到来的华德福教育 100 周年的纪念，全球华德福学校倡导三件事：共同学习施泰纳《人的普遍智识》一书；共同进行"孩童研究"；养蜂。施泰纳认为蜜蜂给人类带来智慧，它的组织结构，自身和蜂巢等物理结构，生活方式等都与人以启发。其他不谈，蜜蜂与植物界的连接的重要性众所周知。2011 年，联合国环境规划署执行主任施泰纳（这位也是施泰纳）谈到研究表明，进入本世纪，欧洲蜜蜂减少 30%，美国减少 30%，而中东地区锐减 85%，而占人类食物总量 90% 的 100 种农作物中，有 70% 的农作物是通过蜜蜂来授粉的。

动物的学习我讲的一个重要内容是大熊猫，成都华德福学校在四川，讲动物怎么可能不讲全球众人皆知的大熊猫？

讲大熊猫不仅仅是它有名，更主要的是它的样子和结构特点。它的模样就没得说了，能够被 WWF（世界自然基金会）选作会徽标志，既要"美丽"也要"动人"。它的身体结构也很奇特，它有着与熊、虎一样的肉食消化系统，却有与牛有一拼的草食消化方式。它虽然杂食，却主要以植物中的竹子为生。它花在吃上的时间远远大于人类——每天超过 16 小时，连最喜欢口腹之欲的人也自愧不如。因为它消化道很短。它没有肉食动物超强的心肺功能，也没有草食动物强大的消化功能——比如牛有四个胃室。它延续活了 800 万年，是不是算一个奇迹？它慢吞吞懒洋洋的样子，是在节约能量！

熊猫这么有名，当然有很多故事。首先它的名字的由来就是一个故事。

大熊猫最初叫猫熊或大猫熊，是指它的脸形状像猫，圆嘟嘟的，但整个身体又像熊。最初大熊猫在四川北碚博物馆展出时，说明标题用的横书——"猫熊"，而 20 世纪 30 年代，当时的参观者习惯直书，自右到左的认读，误认为是"熊猫"。自此以讹传讹，其实"猫熊"为"熊猫"。初中我们学习动物的时候，看到"猫熊"的说法，还以为教材印错了！

其实，国人对熊猫的认识已久，《书经》称"貔"，《毛诗》称"白黑"，《峨眉山志》称"貔貅"，《兽经》称"貉"，李时珍的《本草纲目》中称其为"貘"，等等。而最早发现它的法国人称其为"黑白熊"，倒也贴切。

它是怎么被世界发现的呢？

1869年，法国博物学家阿尔芒·戴维在中国四川宝兴县边做神父边科学考察（以前很多外国人这样做）。他发现了当地人称为白熊、花熊的物种，虽然很想带一只到法国，但他只采集到了标本，后运回法国，引起轰动。熊猫被命名为"黑白熊"，名字慢慢传开来，连美国总统罗斯福的两个儿子也成了它的粉丝。而美国纽约女服装设计师露丝·哈克利斯的丈夫结婚后两周就奔赴中国寻找大熊猫，然而"壮志未酬身先死"——未到达大熊猫产区就病死在上海。这个女设计师决心完成丈夫的遗志，不久后也前往四川。1936年11月，当她的同伴华人从树洞里捉出一只毛茸茸的小动物，递到已经冻得麻木不堪的露丝怀里时，她惊呆了！露丝携带熊猫的手续不全，按规定不能离境。她把这只叫"苏琳"的熊猫幼崽装在一个大柳条筐里，在海关登记表上写上"随身携带哈巴狗一只"，混出了海关。露丝带着苏琳还在太平洋上航行，她的越洋电报已把消息传遍了美国。轮船在旧金山码头圣诞节的前一天靠岸时，惊喜万分的美国人在码头举行盛大的欢迎仪式。苏琳被送到许多大城市展出，所到之处无不引起轰动。曾经为寻找大熊猫到过中国的罗斯福的儿子西奥多十分动情地说，"如果把这个小家伙当作我枪下的纪念品，我宁愿用我的儿子来代替。"

下面是根据我的教学实践，设计的两节主课内容：

第一节

教学内容：复习上节课关于马的学习内容，初步学习熊猫，以国画水墨的方式去感受。

教学重点：马的结构特性，熊猫的特征。

8：30—9：10 晨颂；动物农庄的活动；诗歌讲解背诵，杜甫《房兵曹胡马》，李贺《马诗》；歌唱：大鹿（手鼓伴奏），海鸥（合唱）

房兵曹胡马
杜甫
胡马大宛名，锋棱瘦骨成。
竹披双耳峻，风入四蹄轻。
所向无空阔，真堪托死生。
骁腾有如此，万里可横行。

马诗第五首
李贺
大漠沙如雪，燕山月似钩。
何当金络脑，快走踏清秋。

9：10—9：40　复习马的特性，写主课本内容

马的特性：心肺、汗腺发达，腿长，利于奔跑；身体健壮，善于负重；有盲肠，善于消化草食；听力和嗅觉发达；被称为高智商动物；与人的关系密切，如老马识途，车水马龙。

9：40—10：20　画国画熊猫，讲解特性

要点：黑白相间，憨态可掬。色块圆润。及时指导。

10：20—10：30　互相欣赏作品，老师点评，清洗，整理

要点：找到每一个同学的可取之处（色彩、线条、明暗对比等）进行肯定。突出画的特点。清洗整理，有始有终。

第二节

8：30—9：10　晨颂；诗歌讲解背诵，杜甫《房兵曹胡马》，李贺《马诗》；歌唱：大鹿（手鼓伴奏），海鸥（合唱），教唱《熊猫咪咪》。

要点：让孩子们体会杜甫诗中形体的"棱""峻"，行动中的"轻""骁腾""横行"，以及"托死生"。李诗的画面感。

9：10—9：40　复习昨天的课程：画熊猫，讲解熊猫的特征和故事。

要点：上面已经谈到的消化系统、呼吸系统，以及上面那个有名的故事。谈谈功夫熊猫也无妨。

作业：自己创作熊猫的诗歌。手工剪纸，熊猫。

我在英国留学时提到大熊猫，Giant Panda，我说我们那里有很多。爱尔兰女同学朱安娜惊喜地问我，"街上看得见不？"

街上！我吃一惊。"你的意思是说，走着走着，一只熊猫过来，或三五成群？这也太……"我都为我的言语和脑海中浮现的图景激动。

不过我们确实离大熊猫不远，离学校半小时车程的大熊猫研究中心就有好多熊猫，那是孩子们的必然参观节目。他们对熊猫粪便做的书签特别感兴趣。

教学中应注意的地方：

开动孩子的想象力——

不用太多的实物描画，更多的是想象力在工作。

艺术的，更艺术的——

泥塑、水彩、手工，以及上面提到的活动、写诗歌、剪纸、粘贴画，都可以用起来。

工作，更多的工作——看、听、写；画、做、动。创作、创建、创造！

我用以下这首诗结束这个章节。虽然写的是鹰，但十分适合四年级同学的特质（原诗英文，本人译）。我们应该牢牢记住他俯瞰世界的眼神，像抛下的惊雷。

利爪抓牢悬崖

在孤独的大地中接近太阳

他招呼这争议的世界

他屹立着

起伏的大海在他脚下汹涌

他从峭壁上俯瞰

静静守候

眼神像抛下的惊雷

主要参考书目

[1] 查尔斯·科瓦奇. 动物(the human Being and the Animal World)[M]. 周芸青，等，译. 台北：台湾旺旺出版社，2012.

[2] 公立教材人教版相应动物篇目.

乐 陆 画

分数板块（四年级）
Fractions

"很久很久以前，三个士兵疲惫地走在一条陌生的乡村路上。他们是在打完仗返家的途中。他们又累又饿，事实上，他们已经两天几乎什么东西也没吃了。当三个士兵接近一个村庄时，村民开始忙开了。他们知道士兵通常很饿，他们不是竞相拥军给吃的，而是家家户户都把可以吃的东西藏起来！比如把大麦藏在阁楼上，把牛奶桶沉到井里，把肉挂在地窖里。士兵们挨家挨户讨吃的，可是村民们都说没吃的，更没住的地方。士兵们见此情形，向村民们说，其实不需要什么，只要一个大锅和一些石头，就能够熬出一锅美味的石头汤。好奇的村民们为他们准备好了木柴和大锅，士兵们真的开始用三块大圆石头煮汤了！当然，为了汤的味道更鲜美一点，他们还需要一点佐料，比如盐和胡椒什么的……当然有一点胡萝卜会更好……卷心菜呀、土豆呀、牛肉呀，配一些也不错……如果再来一些大麦和牛奶，连国王都可以喝了……村民们在好奇中配合着，一锅神奇的石头汤真的煮好了！"

"接下来，包括三名士兵，一共有20个人，每人分得一大碗汤，每人分的汤占了一锅汤的多少？""1/20。""两个人呢？""2/20。""三个人呢？""3/20。""为什么？""1/20＋1/20＋1/20。""10个人呢？""10/20。""还是1/20一个一个加吗？可不可以简单一点？""1/20×10。""19个人分呢？""19/20。""锅里还剩多少？""1/20。""怎么来的？""20/20－19/20＝1/20。""如果士兵只能喝一小碗，只是大碗的一半，他这一小碗占全锅的……""1/40。""占你们一个人的……""1/2。""老师，我明白了！""你明白什么了？""越小的碗分得越多。""我也明白了！""什么？""大的是小的两倍，小的是大的1/20！""genau！"

genau是德语口语"对"的意思。德国志愿者正教孩子们学德语，我捡了这个词。我说的时候孩子们笑呵呵的，露着白白的牙齿，眼睛颇有神采。

分数的学习是四年级重要的学习内容。分数在于这个"分"。《国际大纲》上这样说："当孩子过了9岁，他们发生决定性的变化——原先与周遭世界的紧密关系开始变得疏远。先前自我内在的和外在世界之间的和谐关系从根本上被打破。而这种心灵的变化在数学上也会反映出来——孩子们与被打破的数字——分数进行工作。"

大家可以看到，华德福课程主要是以孩子心灵意识发展为依托的。有一个教师朋友告诉我，"你们说要四年级讲分数，我女儿二年级我给她讲分数，还不是照样做题！""教一点简单的，做题是没问题，问题是她真懂吗？"我的问题把他问住了。

心灵的发展上有节点，我自己感觉是做除法、做分数、做整式运算的时候，到那个节点就懂了。就如同我后来懂康德的物自体不可知一样——需要时间节点。

分数的"分"具有不同的思维特性，有一种分数被称为"埃及分数"，充分体现了分数分的精髓。当然，等他们掌握好分数后，2000年前四川阆中定正月为岁首的"春节老人"落下闳的连分法也让人看到，分数这个不同的思维带出如何不同的结果。

说到"分"，就来分。上面讲到的"石头汤"故事只是一例。很多老师，会从一个比萨饼开始，均分之后，再放到嘴里，体验一把。公立学校的老师，也会拿个圆的纸饼入手。体验什么不重要，重要的一定是强调从一个整体出发，并且是均分。而这个整体，可能是一个饼，也可能是 5 个饼，也可能是 1 000 个饼，更可能是世界上任意圆的东西、任意数量；当然，也可以是方的、不那么方的；或是一堆；或是整个宇宙！事实上，这个整体是任意的，只要我们约定，就可以把它拿来分！这就是神奇之处，这是个数学上所谓的"整体一"，这个整体一，一年级讲数字"一"的时候，就应该带出，让孩子知道这个"一"包涵万物。

分，这里面也包含另外一个东西，马克思所谓"人的本质是一切关系的总和"。数学中一个重要的内容也是寻找关系，以及关系中的比较。整体与部分，部分与部分，比如例子中几碗加起来，就可以学习分数加法、分数乘法；通过大碗与小碗的关系，孩子们就可以学习分数与倍数关系。

分数教学中我还用过"音符家族"或"音符树"来让孩子了解和认识分数。全音符、二分音符、四分音符、八分音符、十六分音符……我唱一个音，孩子给出这个音的长度，多一倍或少一半，然后画出来，它们之间的关系栩栩如生。

了解认识分数的意义之后，以下是开始学习分数时我认为的一些要点：

① 分数的性质；
② 倍数、最小公倍数、因数、公因数、最大公因数，以及质数和合数，分解质因数等；
③ 数的四种类型：完美数、不足数、丰富数、质数（素数）。

① 分数的性质是分数的分子和分母同时乘或者除以相同的数（0除外），分数的大小不变，这和等式性质是一样的。分数性质的学习我是用的一张A4白纸，折后裁成一张正方形纸，然后对折，涂色标记上1/2，再对折，标记上 1/4，再对折……这个过程一定要提醒孩子们谁是谁的几分之几。之后展开来，孩子们很快就能明白谁是谁的几分之几，比如1/4块是整体的1/4，是1/2的1/2。而反过来说，它们又是倍数关系。这种方法非常直观有效。

"像手风琴。"一个孩子说。

"是的，像手风琴，也像一把伞。"我说。

当我们做分数扩分与约分的时候，我们边说着口诀，边做着扩分与约分的接龙，这个分数在给定的条件下，一会儿被放大，一会儿被缩小，颇有魔术的感觉，所以孩子说像手风琴。伞也是很形象的，有着主干，往上可以迅速扩展。发挥孩子的想象力是这个年龄段学习的重要办法，而具象化是重要的手段。

瑞士心理学家让·皮亚杰认为孩子六七岁到十一、十二岁，是智性发展的具体运演阶段（Concrete Operation Stage），在本阶段内，儿童的认知结构由前运演阶段的表象图式演化为运算图式。该时期的心理操作着眼于抽象概念，属于运算性（逻辑性）的，但思维活动需要具体内容的支持，简单说来，就是借助教具和实物模型进行学习。

牛津数学人、劳斯莱斯工程师、华德福数学权威隆·加曼在《与孩子的数学真实相遇》中，谈到分数教学时举了一个例子：关于通分，就是装卸货车为装载货物升高装载平面。这个图景十分形象，我上课的时候就用到了它，孩子们印象深刻！这里当然用到的是分数的性质。数学就是这种图景！

② 要解决分数的运算问题，孩子们必须熟练地使用相应的整数概念及运算。像倍数、最小公倍数、因数（约数）、公因数（公约数）、最大公约数，以及质数和合数、分解质因数等都应该逐步介绍给孩子。我是像公立教材一样把这些拆分成一个个点，并一一突破。当然，在实际教学中，不一定要按部就班地一个一个解决，但老师必须清楚这些点，数学学习中，这些知识点是整个数学体系的重要骨架，没有骨架，就太松散。

"蚂蚁洞洞主"是学习这些"数"时我们玩的一个游戏。我们在小纸片上写上 20 以内的一些因数，可以重复写，然后随意在桌上铺放起来，然后把孩子们分成不同小组，老师报出一个数字，比如 60，孩子就去拿不同的相乘为 60 的数组，如 2、2、3、5，2、3、10，等等。孩子们跃跃欲试，效果不错。当然也可以找公约数、公倍数，等等。数学就是这么玩！

③ 数的四种类型：完美数、不足数、丰富数、质数（素数）。这个实际上也是找因数。古希腊人毕达哥拉斯，发现一个数的约数，除开自己本身外，可能相加正好等于这个数，也可能小于这个数，或大于这个数，比如 28，它有约数 1、2、4、7、14，相加等于 28，叫完美数。而 10，有 1、2、5，相加等于 8，是个不足数，也叫亏数。而 30，有 1、2、3、5、6、10、15，相加等于 42，比本数大，是个富裕数，也叫盈数。毕达哥拉斯说什么是兄弟，就是 220 和 284。（毕达哥拉斯总是以最简明的方式表示真理！）220 的因数除自身外，有 1、2、4、5、10、11、20、22、44、55、110，相加得 284；284 因数有 1、2、4、71、142，加上一共 220！所以互为兄弟。

而质数（素数）就更有名了，除了 1 和自身，它们都不能被其他数整除。让孩子们把 100 以内的质数列表，他们会惊奇地发现越往后走越稀少。如果你再不失时机地问，一个合数是否可以写成两个质数相加，你就开启了哥德巴赫猜想之门！数学要的就是这个神奇！可以适时地介绍一下陈景润的故事，当然很好。

为了让孩子们记住不同的分数关系类型，老师们用不同关系来说明：

- 爸爸和妈妈：同分母（1/6＋1/6）；
- 哥哥和妹妹：同一家族，分母是其中一个的倍数（1/6＋1/12）；
- 表兄妹：分母都是同一个数的倍数，找出这两个分母的最小公倍数，如：（1/6＋1/9），这两个分母的最小公倍数等于两数的乘积除以二数的最大公因数；
- 不同家族：直接把分母相乘得公倍数，比如：1/8＋1/9。

学习分数过程中，已经开始了一种"模型"化的方法，比如 1/2＋1/3＝5/6，1/7＋1/8＝15/56，分子为两分母相加，分母为两分母相乘。而减法亦然，比如 1/7－1/8＝1/56。别小看这种最简单的建模，它是发挥抽象思维能力的有用的方法。

找公约数和公倍数复杂一点的用短除法是很好的，孩子一目了然。而更复杂一点辗转相除法（也叫欧几里德算法）也是可以介绍的，即用余数相除，同样对孩子的心智来说很神奇。分数四则运算有了前面做基础，就比较容易了。但一定一个知识点一个知识点地突破。比如分数的乘法可以分数×整数，再到分数与分子为 1 的分数相乘，比如：1/8×1/2；再到一个分子是 1，另一个分子不是 1 的乘法；再到任意情况。这样有个简单的递进关系，便于孩子们理解、掌握。一个数是另一个数的几分之几是分数乘法，是分数乘以分数理解的要点。

而分数的除法，不管分为包含除和等分除，最后都是求整体，与分数乘法一种逆运算关系。难于理解的点在于除以一个分数，怎么结果比被除数还大了！当然，在教学过程中，会提到分数与除式之间的关系。

下面是一节课备课实例。

教学内容：异分母加法。课时，两课时。第一课时，介绍异分母加法；第二课时，深化并总结规律。

第一课时：1. 通过复习折纸法复习分数基本性质；2. 复习同分母加法；3. 通过画饼图理解异分母加法。

教学过程：1. 晨颂和诗歌；2. 竖笛两首；3. 身体节奏活动；4. 折纸画分数部分；5. 画图，同分母相加，比如 1/5 + 3/4；6. 给出问题，一半与 1/3 饼放在一起咋办？

画图，重点是让它们的分母一样！

练习，更多的练习。

通过上面这个例子可以看到，知识的铺垫和一点点突破，以及整体调动起来的节奏和学习氛围。

很多朋友问我这样的问题：为什么先教分数不先教小数？华德福分数板块的教学内容与公立教材相关内容有何相同与不同？

小数的学习是比较容易的，它和整数相比较，困难只是小数点的移动。而小数本身却是分数的一种类型，10进制的，所以重要的是理解到分数的特征。

我上过公立小学数学，印象中国家统一教材（人教版），把分数认识放到二年级下，三年级教一些分数的性质，五年级、六年级都有不同的分数学习的点，比如分数加减，分数乘除。这样太散。后来的北师大版，分数的学习主要在五年级。相对集中。但华德福四、五年级（甚至到六年级）的分布，既有集中，也有连续。

华德福数学教育是被怀疑的，特别在中国，似乎孩子学得太少，练得太少，太轻松。事实并非如此。但不管怎样，练习是必须的。练习培养数学的感觉，既锻炼意志，还积累技能。但另一方面，如何对数学引起并一直保持一种兴趣？

通过自己学数学，在公立学校教数学，在华德福学校教数学的体会，我觉得让孩子们感受到，教学中要点最终理解到是最关键的。而想象力是最初的动因。老师或父母的兴趣可以带动孩子，培养兴趣很重要。如让·加隆所言："真正的教育，是在孩子低年级时点亮学习的火炬，让孩子为高年级需要学习的课程预作准备。"美国华德福学校有一套比较有名的数学参考书，叫 *Making Maths Meaningful*，我译的是《让数学学习有意义》。它有给老师的教学指导，也有给学生的相应的数学练习，是一本有依据又蛮实用的书。它给老师的建议首先谈到的也是孩子学习的热情。同时也谈到学习的能力，学习思考（创造、批判等）的更高层面，基本的技能，以及知识的连续性，这些是数学教学的基础。事实上，当我们带出这些品质的时候，看到孩子们总是乐此不疲地上学，津津有味地参与，全力以赴地解题，并也为他们以后的学习打下扎扎实实地心理和知识基础。

分数的学习是一切数学学习的基础。这样的说法表面看起来太夸张了，或许应为整数的学习是一切数学学习的基础。但实际上，在稍高年级的数学的学习中，如果你不熟悉分数的运算，不大懂得分数的思考方式，你简直没办法进行学习！

分数板块，当然还要以分数收场，这里有一个著名的分马故事，我想用它来给大家做一个结束，就如同每天孩子学习完毕，都揣一点东西离开——一点练习、一点思考题，或是将数学的一个小谜题带回家。给点负担，激发兴趣；费点脑筋，开启心智，五分启发、七分练习、九分坚持、十分健康。为什么不呢？

一个古老的传说： 一位牧民老人弥留之际，对他三个儿子说，他爱他们，并要将家中 11 匹马，分给他的 3 个儿子，要按老大得总马匹数的二分之一，老二四分之一，老三六分之一来分，前提条件是不能把马杀死！说完他就咽了气。这下可难住了他的儿子们，11 匹马，怎么能过这样分啊，都是偶数份数！大家面面相觑。又不能把马杀了！正在一筹莫展之际，聪明的小儿子出了门，很快把邻居家的一匹马牵了来，于是这 12 匹马，于是……

总之最后，所有的人都各自牵着属于自己的马高高兴兴地走了，包括那个邻居！您做得到吗？

主要参考书目

[1] [英]隆·贾曼. 让孩子与数学真实相遇[M]. 台北：台湾洪叶文化事业有限公司，2005.
[2] 公立教材人教版相关章节.

温馨 篆刻

书写历史与书法教学（四年级）
History of Writing and Calligraphy

汉字源流

(象形)	(篆书)	(隶书)	(楷书)
(甲骨文)			

⊙ → ⽇ → 日 → 日

☽ → ⽉ → 月 → 月

𠆢 → 𠆢 → 人 → 人

🐴 → 馬 → 馬 → 馬 → 马

車 → 車 → 車 → 車 → 车

象 → 象 → 象 → 象 像

温馨 画

"声不能传于异地,留于异时,于是乎文字生。文字者,所以为意与声之迹。"(《书林藻鉴》)

"古人制字鬼夜泣。"——龚自珍

一团忙乎的场景:一组孩子拿着泥巴在操场上卖力地塑着泥团,另一组孩子用小棍在泥团上一本正经地刻着字,说是字,其实是画,牛头、流水、屋子、日、月、星、果、小孩子摘果、人坐在树旁休息、抓东西……孩子们活动着,无穷的想象力淋漓尽致地体现着。之后大家互相欣赏,老师评点完,孩子们回到教室。老师徐徐打开黑板,黑板上有漂亮的板书,上面写着这样的内容:

苍颉化己,庇,乃尼山艾友所。

草米并刈,乞少子左互。

学耒,癹雨水,儿纠叔

兵朱。

"大家能猜到是什么吗"

于是孩子们乱猜一通,有提到仓颉的。

"三年级的时候,大家学过创世神话,知道仓颉造字的故事,据说这些就是仓颉造的字。说是他身体变化,受到了庇护。尼山是养老送终的好地方。杂草一并割下,请小儿子来帮助。学习使用农具,取水灌地。小儿缠着阿叔摆弄兵器上的红飘带……你们懂不懂?"

"不懂!"

"很好,我也不懂。(笑)不过据说文字是仓颉造的,开始真像天书,让人不明白。这也许记录的是他的生活情景吧。他是'黄帝'(不是'皇帝')的史官。'史'就是手拿签筒占卜,然后记载的人。他有四目,生来就有四个眼睛。他造字之后,天上下起小米粒,鬼神都在哭泣,因为字里面有天上的秘密,所以他们哭泣。你们知道仓颉是怎么造出字的?见灵龟负图,书丹甲青文,遂穷天地之变,仰视奎星圆曲之变,俯察龟文、鸟羽、山川,指掌而创文字,古书这样说。就是根据乌龟背上的图形,看星空、鸟羽毛、人手掌纹理样子刻画下来,形成了文字。"

以上是"书写的历史"板块教学的两个场景。四年级的孩子已经有了时间感,时间的先后对孩子们来说是有意义的。时间的确认事实上拉开了"他"与"我"——世界和自己的距离。很多华德福学校,也正式开始让这个年级孩子们写钢笔字。对于中国华德福学校来说,书写的历史的学习很好地总结了文字的发展演化和书写变迁的过程,也为书法的学习打下基础。

中文是世界上最古老的文字之一,是它们中唯一被千百年来传承使用的活文字。如开篇的两句话,汉字不仅是日常生活的交流应用,"上古结绳而治世,后世圣人易之以书契"。它不仅用书写文字代替结绳记事(《易系辞下》),更是通天地的神契。"书不尽言,言不尽意","圣人立象以尽意"。(《易系辞上》)这个象既是描画天地生灵的象,也是上苍神明立的约。汉字是我们华夏精神的最大密码。

具图像化的文字,是以空间为存在特质。这与拉丁字母为基础的西方文字以时间特质的文字极不相同。在施泰纳诸多给教师具体建议的演讲中,他反复提到抽象的拉丁字母的具体化。在汉字教学中,几乎不存在这种情况。关于汉字教学庞大的内容,以后将会在有一年级主题的本书下册中详细探讨。

关于汉字基本的知识老师应当清楚。

① 六书。

② 汉字演进过程。

③ 书写工具的变化和查字工具。

东汉许慎在《说文解字》里较系统阐述了汉字造字法。"一曰指事:指事者,视而可识,察而可见,'上'、'下'是也。二曰象形:象形者,画成其物,随体诘诎,'日'、'月'是也。三曰形声:形声者,以事为名,取譬相成,'江'、'河'是也。四曰会意:会意者,比类合谊,以见指㧑,'武'、'信'是也。五曰转注:转注者,建类一首,同意相受,'考'、'老'是也。六曰假借:假借者,本无其字,依声托事,'令'、'长'是也。"

现代语文学常提到的是前四种：象形、指事、会意、形声。汉字的形是十分重要的。事实上，汉字虽然被称为"象形文字""图画文字"（Pictorial Writting），但音也十分重要。汉字中不仅70%以上是形声字（据大英百科全书），汉字字音本身也具有特色，并越来越受到重视，包括声调。施泰纳也转引法国学者的观点，认为汉语声调是汉语言的一半内容。

我把《说文》这段拷贝在此，是因为不仅它说明清晰，而且也是很好的材料。老师不是人人都做学者，但注意材料，做个有心人，教学会更顺手，更扎实。

在讲解汉字演进的历程时，一般从讲刻画开始，到甲骨文、金文，再到篆书、隶书、行书、草书、楷书，也有把楷书排行书前的。其实，写慢，写方正，就为楷书；写快，写俭省，就为行草。我们要尽量回到书写产生的可能性上去，不用对以前说法一味相信。具体书法演进，后面部分讲书法教学时会更多谈到。同时，因为它们最鲜活地展示出中国意识的发展，我们必须给予重视。

> 甲骨灵通作占卜，
> 金石厚重求永恒，
> 缣帛昂贵不易得，
> 简牍成卷重难负，
> 竹麻造纸利书写，
> 华夏文明传今古。

这首小诗很清晰并富有意味地把书写材料中的载体概括出来。而书写用的石、刀、笔之类，也是决定书写历史的一个重要部分。想象一下，司马相如上一篇赋给武帝，要士兵箩筐抬着，表达陈情如何不易。而当我带着孩子们刻甲骨文的时候，才知道拿什么刻都是问题！那时没有铁制品，更没有刻刀锯条可用，如何在坚硬的龟甲上刻字？当然，龟甲可否搞得不那么坚硬？也值得探讨。

关于查字工具。

《新华字典》《说文解字》《康熙字典》《辞海》等都是可以借用的查字工具，而对老师们来说，互联网资源不容错过。"汉典"（zdic.net）和

"象形字典"（vividict.com）都是非常不错的参考。

书写历史的体验是异常丰富的。成都华德福学校以前有一段与邻居半人高的实体围墙，有一天，我看见一个四年级班的学生在书画老师带领下纷纷在上面画画，画有动物，有符号。一问，是书写的历史教学活动。像这样回到过去，尽量揣摩当时情形的活动，能够给孩子们较真实的体验，刺激他们的想象力和创造力，也是对校园的文化建设。

归纳一下以前班级做过的活动，内容设计大致包括：山洞壁岩石画、大地书画、河图洛书、伏羲八卦、结绳记事、陶文塑刻、甲骨文刻写、制作竹简、毛笔、刻章印制、版画体验等。

最古老的艺术就是岩画艺术，不管西班牙、非洲，还是内蒙古，都能见到这样的遗迹；大地书画是指在地上刻画、镶嵌（华德福学校十一年级艺术史还会学习）；河图洛书是用数来表达天道，直接启发伏羲八卦。河图排列成数阵的黑点和白点，1~6，2~7，3~8，4~9，0~10，5，蕴藏着无穷的奥秘。洛书上，纵、横、斜三条线上的三个数字，其和皆等于15，十分奇妙。

记事绳有直接用麻绳做的，也有加贝壳的，也可以以泥土为原料，塑字、塑泥块刻画各种纹样。

学习甲骨文刻写时老师用木板撰写代替，确实四年级孩子可能刻不动龟甲兽骨。不过我们可以对甲骨加醋浸泡、蒸煮、表层剥离，使它更柔软。

说到毛笔，这里有一个蒙恬造笔的小故事。

相传蒙恬戍边，须向秦始皇奏报军情，而当时文字书写用刀锲刻太慢。由于边情瞬息万变，文书往来频繁，刀刻字速度太慢，蒙恬急中生智，随手从士兵手中的武器上撕下一撮红缨，绑在竹杆上，蘸着颜色，在白色的丝绫上书写，由此大大地加快了写字速度，后来人们就开始用这种方式书写。这只是一个传说，毛笔的产生其实已不可考。想来也是，人们为了表达，肯定早就试图用软的东西蘸颜色书写。出土材料早就证明战国时就有毛笔。不过蒙恬改良毛笔确有记载。有的老师让孩子们用各种毛，甚至孩子自己的头发、胎毛做成小小的笔，太有意义。用不同材质的笔去书写，一下就让孩子体会不同的材质有不同的效果，大大开阔了他们的眼界，也意识到书写工具的重要，以及为什么书写工具有的保存下来，有的就被放弃。

成都有个惜字宫街，很多人不知道惜字宫是干什么的。中国社会以前各阶层都十分尊崇文化，尊重文字的神圣性，人们讲究"敬惜字纸"，凡有字之纸不可随便抛弃，均收集起来送去焚化归天，惜字宫就是焚字纸的地方。

印刷术的体验，可与篆刻结合。有个班级在学篆书的时候每个人用橡皮章刻出了《春歌》中的一个字，在活字印刷时，将每个人的刻字进行排版印刷，印出了29份篆书的《春歌》，期末展出，令人赞叹。

造纸术、印刷术是中国四大发明之内容，也可以很好地结合进课程里面。

相对东方而言，西方书写历史的发展却是不同，莎草纸、羊皮卷、墨水瓶、鹅毛笔，再到近代的抽水钢笔、圆珠笔。两相比较，硬和软，体现了不同的传统与哲学。

活动中的内容、得到的结果、深切的感受，都可以好好地书写到主课本内容中。书写的历史的教学孩子们参与度非常高，有活动、有故事、有实操的学习与创造。但教学中要注意到教学的顺序和材料的准备。活动的介绍、材料的分发、程序的介绍、及时个别的指导、收拾整理，都是需要老师费心的。

下面我探讨一下书法教学，先举一个例子。

成都华德福学校，每到秋季学期末，放寒假前，六、七年级的同学们总会到学校的幼儿园去给小弟弟、小妹妹们写春联。我们会选择有阳光的一天，在幼儿园活动的院子里，案桌摆好，红纸铺开，蘸笔书写，字句妥帖。小弟弟小妹妹们围过来，看着颇有仪态的大哥哥、大姐姐们，眼里有多少的敬重和向往。而大哥哥大姐姐们，心中又有多少的庄严和兴奋。

书法是中华文化中高度集中化、纯粹化的"线的艺术"。（李泽厚）它从刻画神性的符号到实际的应用，"情动形言，取会风骚之意；阳舒阴惨，本乎天地之心"（孙过庭《书谱》），方寸之间，即传达宇宙自然中万物的感性的美，表达书写者自身内在心灵的所感所思，以及这种由心而感而来的生命意趣。它是审美的，但又不是一种纯粹的形式的美，书法以汉字为载体，不是为形式而形式，不空洞。

是其一大特色。王羲之的《兰亭序》、颜真卿的《祭侄文稿》、苏轼的《寒食帖》都可临。

八年级，孩子的个性更加鲜明，思维开始绽放。草书直抒胸臆，个性充分张扬。在前面几年扎实学习的基础上，认真读帖，可大胆尝试。以前成人教书时，总喜欢说"还没学会爬，就想学会走了"。孩子会以为前人高不可及。万万不可让孩子产生这样的心理。只有精心临摹，孩子方知差距所在。崇敬之心要有，畏惧之心需无。

以下是教学活动实施的建议或要点。

书法课必须将讲解、临摹、欣赏、创作及活动五方面结合。讲解重书理与书趣。即为什么这样写，好在什么地方，用笔是如何的。临摹侧重在观察体会。临帖可先看帖，仿效它写一遍。第二遍用薄膜描一遍，仔细调查研究它的位置关系。第三遍看帖，仿效写。欣赏一定要结合孩子们自己的书写，并且孩子们相互欣赏也很重要。创作是提起孩子兴趣的极好途径，要鼓励和肯定孩子。先放后收，小孩子的天性是没有惧怕的，一定让孩子敢写，努力写出来就可以了。要让孩子把握住童趣、笔趣、墨趣、意趣。

书法教学应该重视学生的个性，强调书写风格的多样性。让孩子们真正意识到书法是一种表达，个体的表达。

最后，书法教学应和其他学科或活动结合在一起学习，比如书写的历史、游学、文化人物传记、历史知识、考古与收藏等。

学时安排的考虑：每周一到两个学时，一个学时一个小时。书法课一定是一个时间长一点的课，不然除了书写工具准备与简单讲解，以及最后的收拾，就没有太多的时间让孩子沉下心来写。到中学，孩子可以通过兴趣班或课外俱乐部的形式继续学习。

感谢书法老师赵冬、刘一的探讨与贡献。

主要参考书目

[1] （东汉）许慎. 说文解字（注意版）[M]. 张汐, 导读, 刘果, 整理. 长沙：岳麓书社，2006.

[2] 刘涛. 极简中国书法史[M]. 北京：人民美术出版社，2014.

[3] 蒋勋. 汉字书法之美[M]. 桂林：广西师范大学出版社，2014.

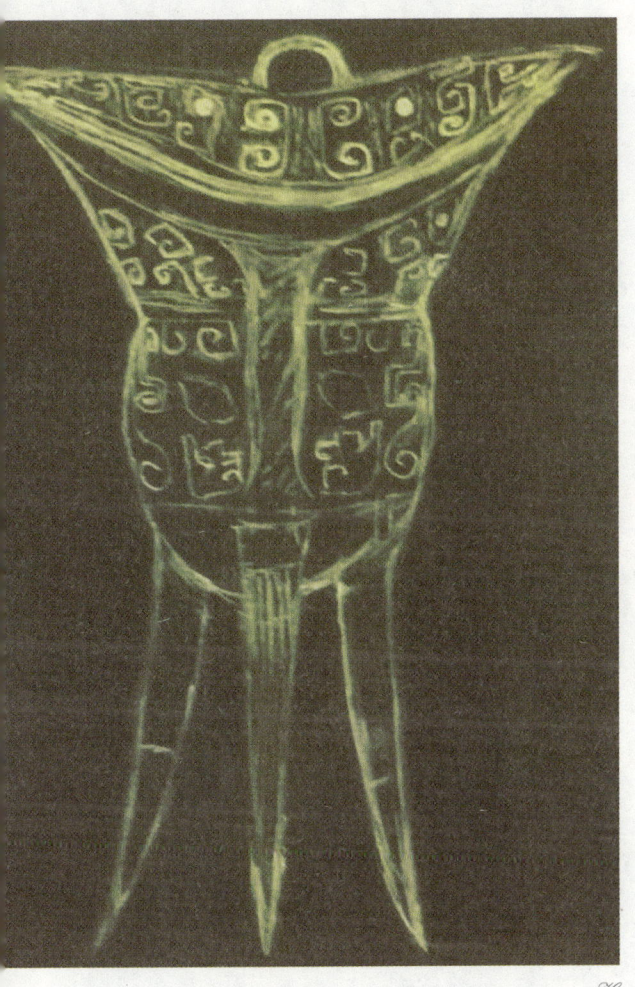

李泽武 画

历史教学与古代文明
（五年级）

History Teaching and Ancient Civilization

青玥岑　画

成都华德福学校刚开办的时候,来了一个叫巴大卫的法国人,他是一个人类学家,在学校简陋得不能再简陋的石棉瓦顶的房子里,办了一个讲座,叫"中国人精神的变迁",内容是中国的幼年期、童年期、少年期和青春期。具体时代的划分我记不得了,只是觉得他用人的发展来看中国社会的发展,十分新鲜。后来我翻章学诚的《文史通义》,讲治史,把历史比成人的身体,"譬之人身,事者其骨,文者其肤,义者其精神也"。他认为历史事件是骨骼,文辞描述是皮肤,历史中的含义和蕴涵就如人的精神。或者说,于历史他要我们注意三个东西:历史事件、文辞描述、内在义理。这两个人的说法,一下子就拉近了历史与我的距离,自己也似乎对历史事件、人物、文物等有了一种真实的"链接",以及深入一点的理解。

华德福教育是从人意识的发展来看待历史的:比照出生、童年、青年、中年、老年,大致童话、传说、寓言、创世神话、神话、历史故事和人物;早期是无意识的愿望阶段,然后再到神、神性阶段,再到人、人性阶段,最后到彻底的自我中心主义的智性、自我占据主宰,物质主义兴盛的时代——施泰纳所谓米迦勒时代(Micheale Age)。简单地说,这个发展就是从没有清晰的自我意识的小孩,到有较清晰自我意识的成人。

如本书论述中介绍到的,一、二年级有大量的童话、寓言、民间传说、圣人故事作为教学的内容和载体,有善的意愿、对动物性的呈现、道德的比喻式的描述,都是无时间观念,或不"真实"地呈现给孩子,而作为孩子来说,也从来不怀疑这里面的"真实"性。

前面也说过,9岁左右是一个分水岭。9岁的孩子自我意识开始真正地发生,这个自我意识就是与外部世界相分离,相区别。而这个阶段,从时间上来讲,这时的孩子希望真正知道自己从哪里来,对百家姓、开天辟地的创世神话很感兴趣,在西方,孩子们学习《旧约》,实际是希伯莱神话;在中国,孩子们学习汉族传说神农架楚地流传的《黑暗传》。

在10岁左右,孩子进入神话的英雄时代,这些历史神话体现的是故事中的神们、英雄们有超自然的力量，但同时也有自然人的缺陷。就如同《西游记》中的四个典型：悟空、唐僧、八戒、沙僧；分别象征风、土、火、水。

前面所谈是大历史的概念，到五年级，是有时间的历史了，"真正的历史"开始了。到了六年级，孩子们要学习罗马与秦汉；之后是七年级中世纪文艺复兴、航海、汉唐、魏晋之"人的自觉"、丝绸之路的凿空与兴盛；八年级工业革命、明清技术的变革等。历史是垂下来的一条线，从遥不可及的宇宙深处，向我们今天此时此刻的节点走近，然后通向未知的远方。

历史是民族性的，也是世界性的。而华德福课程通过尽量多的样本，尽量世界性的课程，给予孩子一个清晰而又丰富的视角。从华文世界十多年的实践来看，历史、语言、艺术要有全球视野，更需与本土结合。

中国历史的教学内容在全球华德福教育中都是崭新的内容，因为华文世界18年前没有华德福学校（第一个台湾慈心学校一年级开始于1999年）。西方华德福学校对中国文化的了解，根据我去欧美华德福学校学习、实习、访问的经历，可能仅仅限于几个民间故事或传说，或是龙的传说——很不幸——他们想象的龙是圣经里的米迦勒的撒旦恶龙——在我看来确实是恶龙——其丑无比！（我还记得我2000年去英国学习，在周四下午校园集会上讲金龙，那一年是"金龙年"，讲到中国的龙是"好龙"，这令属龙的学校"联合国"学友兴奋不已）华德福国际大纲中历史的学习提到中国，只有五年级世界古文明中提到"虽然老师很少教，但也没有理由把中国、中美洲和南美洲的古老文化排除在这个名单之外"。具体内容是五年级的"古代中国的传说"，十年级"中国文化的起源和它的新石器革命，周朝文化，老子，孔子"。所以西方华德福中国历史的教学本身没有太多值得我们真正借鉴的地方。他们最多演的中国戏剧是一出布莱希特的《四川好人》——而事实上"四川"好人并不是真的指四川。中华民族是很开放的民族，可以说，我们对世界的了解远远大于世界对我们的了解，尽管我们还需要开放学习。这也很正常，大家关心的，都是自己想关心的东西，但最终看的是文化的影响和贡献。

从比例上讲，现在多数中国大陆华德福学校西方和中国内容是 55 开，显然中国内容还需要增加，中国历史教学一切只有靠自己！

以上简要介绍希望大家对华德福一至八年级历史有个初步了解。五年级着眼于古代文明，通过不同文明的故事，向孩子传递着人类的意识发展历程。人类如何从无到有；如何学习在大地上耕种、建造房屋，开始在大地上生活；如何发明纸张、文字，记录下文明。人类是如何一步步在大地上逐渐脚踏实地地生活，故事以清晰的图景展现在孩子面前，从而帮助孩子的意识在世界之中定位。具体来说，这些故事就是古中华、古印度、古波斯、美索不达米亚、古埃及、古希腊文明。

古中华文明的部分是从夏开始的，"自羲农，至黄帝，号三皇，居上世……"（《三字经》中关于三皇五帝和夏商周到清的内容简易、清晰、琅琅上口，值得使用）孩子们学习尧、舜、禹的传说故事，洪水、土地、种植、方位、建筑、制陶业、鼎的制造、文字的演变和占卜等状况的发展呈现出人们生活各个方面的状况。从故事里面，孩子们看到人们如何认识自然，风土情貌，山川治理，另一方面是人情道德，尽管我们主要只能依据一点的《史记·夏本纪》线索去了解，而人情道德，与其说这些传说是学习历史，不如说其实表达的是人文理想，就如同顾颉刚所谓沉累造成。我觉得这个阶段更多是后人对先朝历史的比附。我是这样来说的：童话、神话、文化，最后是无话找话。而历史也会从愿望，无话找话，变成神话、童话。

谈到伏羲造八卦的故事，孩子们会先学习八卦，然后学到商的文化和历史。我们学习商族传说、汤武革命、甲骨文中的故事，并让孩子们刻画甲骨。殷商文明，更多是神性时代的特征，或所谓的巫觋时代，女巫男觋——是以神的意志体现为特征，所以有殷王甲骨卜辞中献祭 124 人的记载。因为当时人就是这样的意识状态，你还不能简单用"残忍"两个字来评价。

后是周朝，我是从《诗经·绵》开始的。这种朝代的更替既不能用"成王败寇"，也坚决不能用"红颜祸水"的老眼光。《绵》里讲了周的建立过程。顺便说一句，我们一定要找《尚书》《诗经》《史记》《淮南子》这样的古代典籍做依凭，而不是人云亦云地道听途说。我们能说的"真正历史"从五年级开始，比如"周召共和"。从这些有记载的历史看，周时有了"敬天保民"的思想，奴隶主不再肆意残杀奴隶。希腊或周礼的时代，有某种的对应，秩序、智慧、平衡、内在与外在的平衡，以及孔子"礼崩乐坏"之后复周礼的人心维持。《诗经》《礼记》里的文章，代表着这种礼的和谐，可以择其要介绍给孩子们。老子、孔子的故事，也是有必要介绍的。

中国文化和所有文化一样，有一个精神，或道的下降过程。韩非子有一个很简单而一击中的的说法，"上古竞于道德，中世逐于智谋，当今争于力气"。道德与智谋，道德有三皇五帝小康大同，智谋有合纵连横说客谋士，力气有虎狼之师秦军。

五、六年级历史教学有一些十分重要的方法可用。故事、图案和实物临摹是非常必要的。故事是很好的载体，把人物、背景、文化习俗、社会意义等都承载在里面，而这个阶段的孩子比较容易从这样的感受和图景入手。一个时代的图案也蕴涵了这个时代的特征，比如饕餮图案、云纹图案，象征精神世界之想象，说明那个时期的人们的精神风貌。实物更是如此。我们也带孩子们去博物馆临摹，感受，听讲解。对我们来说历史的学习存在一个陷阱：从中国汗牛充栋的书籍文字中选什么来学？答案是学习只能择其重点，选择最能体现时代精神和风貌以及民族精神的东西。

凤凰卫视在成都华德福学校拍了一个叫《呵护童年》的专题片，里面有不短的镜头是当时在五年级任教的曾杰老师穿着鲜艳的印度纱丽在上古代印度板块的课程，额头上还点着印度红痣！事实上，老师们积攒着还不止一套纱丽。这些纱丽是大家去印度带回来的。而教室里也有印度檀香，或是罗摩传说的故事书。所以尽量从实物中感受文化是我们努力去做的——尽管成本有些高。

古代印度是五年级历史学习的一个内容，主要讲《罗摩衍那》里的几个小故事。《罗摩衍那》讲的是罗摩的故事，是古印度宏大的史诗，主要讲述了古印度阿逾陀国王子罗摩和他妻子悉多的故事，包括罗摩被父亲忍痛流放，为救妻子悉多，与神猴哈奴曼（据说是孙悟空的原型）联合，后怀疑悉多不忠等，包罗万象的天上与人间的神性生活。故事也表现出印度文化更多是神性的、天界的。

教学中可以有瑜伽体验、印度歌曲，泥塑体验大梵天及佛像，以及印度曼陀罗绘画。

古代波斯所呈现的特质是光明与黑暗的战斗。当时的人们开始关注大地上的劳作，《阿胡拉·玛兹达与阿尔曼》、《琐罗亚斯德和光明之国》的故事可以讲授。他创造了世界上第一个人——原始人凯尤莫尔滋。在他的协助下，举世闻名的波斯王国建立了。凯尤莫尔滋成为第一任国王。而琐罗亚斯德创立的拜火教在金庸小说里叫"明教"。

史诗《吉尔伽美什》是目前已知世界最古老的英雄史诗，是一部关于苏美尔三大英雄之一的吉尔迦美什的赞歌。他和朋友恩奇都战胜森林怪洪巴巴，战胜大洪水，后因朋友逐渐死去而探讨死亡问题。除了故事，泥塑体验巴比伦的楔形文字和巴比伦塔是重要的学习内容。我在柏林远东博物馆看到过这个史诗残片泥版，看到孩子们制作的楔形文字，我十分惊讶孩子的学习能力，更惊讶互联网的强大的学习资源！

关于古代埃及，一位老师谈到的学习内容：

故事——《太阳神拉的故事》《奥西里斯与伊西斯》《黄金天平称量心脏》

主课本工作——诗歌抄写《拉神赞歌》、诗歌《尼罗河》、写作练习《赛特的宴会》

教学活动——歌曲和舞蹈《尼罗河畔的歌声》；戏剧体验《赛特的宴会》；泥塑体验埃及的金字塔、象形文字、狮身人面像；水彩画金字塔、戏剧体验

埃及人为什么做木乃伊？

古埃及王奥西里斯被兄弟所害，装在木箱子里，顺尼罗河水漂流，后又复活。所以埃及人希求做成木乃伊，寻机复活并永生。印象最深的

是一个班级，老师在黑板旁挂了一幅巨大的布，用一个月之久临摹出埃及壁画，孩子也临摹着这样一个色彩缤纷的壁画，而心中会有何种感想？

西方历史主体是双希文明——希伯来与希腊。三年级时，孩子们学习希伯来旧约圣经故事，五年级学习古希腊的故事。

古希腊材料可谓汗牛充栋，如何进行选择？

古代希腊神话故事是值得重视的，如普罗米修斯的故事、潘多拉的魔盒的故事、阿波罗的故事、狄奥尼索斯的故事、赫拉克勒斯与金羊毛的故事，以及金苹果的故事。

是谁？让漫漫黑夜跳跃希望的火苗？
是谁？让蛮荒时代沐浴文明的曙光？
是谁？甘愿触犯天条也要救人类于水火？
是谁？深受酷刑却无怨无悔？
啊！巨人，是你给人类带来火种。
送来光和热，
送来人类新的纪元！
尽管上天和你蓄意为敌——
高山险峻，铁链加身。
烈日如火，暴雨如注——
但沉重的铁链只能锁住你的身躯，
却怎能锁住那颗坦荡无私的心！
难道仅仅是物质的火种吗？
不，你给予我们的
是生生不息的精神火种！
勇敢　坚强　博爱　无私
这就是你——普罗米修斯！

这首普罗米修斯的赞歌，深深地敲击着孩子的灵魂，这种坚定、担当和正义的精神鼓起孩子的勇气。

除去神话，《伊利亚特》与《奥德赛》的内容可以选择来学习，斯巴达、雅典城邦、马拉松战役、亚历山大大帝的故事等，都可以做为学习的内容。而马拉松引出的是古代奥林匹克运动会——这个每一个华德福学校五年级盛大的节日——有专章介绍。而希腊陶罐的制作、一点希腊语的学习、帕特农神庙的临摹、毕达哥拉斯的数学介绍，都可以作为很好的学习内容。

五、六年历史教学更多的是讲授故事，而不是单列历史事件。讲授可以头天讲，第二天让孩子写，第三天做一些回顾。这样可以深化学习的内容。

教历史，不是简单的弗朗西斯·培根所谓"读史使人明智"，或是司马迁谓"述往事，知来者"。它对应的是人内在发展的意识，另一方面，它为人的意识发展提供一种外在的参照和作用力，向人们提供一种可能性，历史表象背后的线索和思考。比如，是生产力，或进一步说是科技力推动了历史发展，还是人们的争斗，进一步说是阶级斗争推动了历史的发展？抑或是经济推动历史发展？还是英雄人物推动了历史的发展？所有这一切，都是为了帮助孩子们——也帮助我们，了解所处的世界。历史的学习不是让人束缚住自己，"历史会是一个危险的工具，甚至会以非常微妙的方式制造出限制思想和行动自由的观念模式"（《国际大纲》）。恰恰相反，"历史对于人培养自由之基的贡献不在于引导正在成长的这一代人要这样活着那样去想，而在于支持思考、判断、道德主动性和社会意识等方面的创造能力"（同上）。我们应当发挥学习中的意识和主动性。

主要参考书目

[1] 张光直作品系列：《美术、神话与祭祀》《商文明》《中国青铜时代》[M]. 北京：生活·读书·新知三联书店，2013.

[2] 童书业. 春秋史[M]. 上海：上海世纪出版集团，2010.

[3] 古史选译[M]. 瞿蜕园，选译. 上海：上海古籍出版社，1982.

[4] 林言椒，何承伟. 中外文明同时空：春秋战国VS希腊[M]. 上海：上海世纪出版股份有限公司发行中心，2009.

[5] 韩鉴堂. 图说殷墟甲骨文[M]. 北京：文物出版社，2009.

[6] 杨传玺，杨济安. 中国古代史教学参考地图集[M]. 北京：北京大学出版社，1984.

[7] 袁梅. 诗经译著[M]. 济南：齐鲁书社，1985.

[8] 竹书纪年·中国古代文化全阅读[M]. 第一辑，第49册. 长春：时代文艺出版社，2008.

[9] 中国历史年表. 中国社会科学院.

[10] 历史研究所.《中国历史年表》课题组[M]. 北京：中华书局，2013.

[11] R·Wilkinson. *Teaching History in Waldorf School Lindenburg, Teaching History Series*[M]. California: Rudolf Steiner College Press, 2000.

[12] 薄伽梵歌[M]. 张保胜，译. 北京：中国社会科学出版社，1989.

[13] [印]蚁垤. 罗摩衍那[M]. 季羡林，译. 南京：译林出版社，2005.

[14] [伊朗]贾利尔·杜斯特哈赫. 阿维斯塔[M]. 元文琪，译. 北京：商务印书馆，2005.

[15] 吉尔伽美什：巴比伦史诗与神话[M]. 赵乐甡，译. 南京：译林出版社，1999.

[16] [美]法克伦·雷德蒙. 埃及生死之书[M]. 罗尘，译. 北京：京华出版社，2001.

[17] 荷马. 伊利亚特[M]. 陈中梅，译. 南京：译林出版社，2000.

[18] 荷马. 奥德赛[M]. 陈中梅，译. 南京：译林出版社，2003.

[19] 希罗多德. 希波战争史[M]. 吴玉芬，易洪波，编译. 重庆：重庆出版社，2007.

[20] [英]麦克卡提. 亚历山大传[M]. 傅源，尤云峰，译. 杭州：浙江教育出版社，2009.

[21] [德]斯威布. 古希腊的神话和传说[M]. 楚图南，译. 北京：人民文学出版社，2003.

[22] [印度]拉贾戈帕拉查理改写. 摩诃婆罗多的故事[M]. 唐季雍，译. 金克木，校. 北京：中国青年出版社，2016.

[23] Christoph Lindenberg. *Teaching History*[M]. Waldorf Publications, 2014.

奥林匹克（五年级）

Olympics

奥林匹克之歌

古老的不朽之神,
真善美的圣洁之父,
祈求您降临尘世照亮我们,
让万众瞩目的英雄,
于苍穹间作为您荣耀的见证。
请照亮跑道、角力场与投掷场,
我们将在此竞赛、全力以赴。
把橄榄枝编成的华冠颁给
　　力量、速度、平衡行与美的优胜者,
塑造出刚强的躯干,坚韧的心!
平原、高山和海洋在您的光辉下,
犹如色彩斑斓的神殿,
各国人都前来向您敬拜。
哦,古老的不朽之神!

温馨画

全能的宙斯
我们今天站在您面前
正如远古时代的奥运选手
我们升起旗帜，点亮火炬
这些代表神圣运动的圣徽
我们汇聚于此
尽力做到最好
为着力量、优美、技能
荣耀彼此
我们蓄势待发，让盛会开始吧
我们蓄势待发，让盛会开始吧

　　第一次听到这首歌是在第一届中国大陆华德福学校奥林匹克运动会上，那是在6年前。尽管参会的只有广州山水桃园和成都华德福学校两个班级，20来个孩子，但毕竟是一个历史性的开始！

　　2016年是奥运会会年，巴西里约热内卢举行奥运会，Rio Time（里约时刻）。中国大陆华德福学校25所有五年级以上的学校，分在郑州和青岛两地举办。

　　延绵的营帐、素白的衣饰、城邦的旗帜；锣鼓的声嚣、燃烧的圣火、庄严的誓词、冠服的宙斯、热烈的呐喊，五月的天空下这样的场景，总会点燃少年的热情，激荡师长们的神思，引发助威者心动。

　　上面提到的那首歌曲是每一个与会者所熟悉的。歌曲及乐器的和声，以及上面的场景把我们带回古代希腊奥运的荣光里，也带向期盼的盛会，而力量、优美、技能这些语词，刻画进齐整待发的孩童心中，精神照耀！荣耀彼此！

　　为什么华德福学校五年级要举办奥运会？它是如何举办的？

　　"奥运会"的学习是为配合五年级古代文明的希腊板块学习，它本身不是一个单独的板块，我在这里把它作为单独的内容，是因为它自身也非常丰富和相对独立。五年级的孩子就是希腊时代的那个样子，精神发展与物质身体发展的总体平衡，追求美。五年级这个阶段的孩子也被称为"童年的夕照"——孩子童年内外发展都较和谐的时期即将完结，青春期身体与心灵带来的巨大冲突即将产生。奥运会重要的目的是展示，展示孩子的身体的美、灵巧、和谐，而不是竞争的激烈，更不是胜者为王的荣誉。这个学习过程也是一个古代希腊文化学习、班级团队建设、社群交流互动的过程。

奥运的起源在古希腊，它是一个盛大的节日。奥林匹亚节，主要是为了纪念宙斯，这个"众神之神"，也向他祈福（也有说是纪念大力士赫拉克勒斯的）。在这个节前，人们总要举行休战握手仪式，以期和平、合作。后来，这些精神奠定了千年奥运的精神基础。因此，从源头上看，合作、团队、和谐、美，才是奥运的内核，而不是简单的赢。正如下面的诗行所言：

> 跑步者在神与仆人之间
> 在出发和到达间
> 在重力和支撑间
> 在计划和目标间
> 把一个灿烂的火炬高高举起

意义是很好的，如何组织实施这样的活动呢？

我在这里以准备、开幕式、正式比赛、颁奖和感谢四个环节来说明这个活动。

一、奥运会的准备

通过古希腊的学习，带出这项古老的盛会，老师可以讲里面的历史和诸多趣事，比如公元前776年奥运会就载入史册，到公元394年被罗马帝国皇帝狄奥多西一世禁止为止，历经1170年，共举行了293届古代奥林匹克运动会。又比如，希腊七贤的老头奇洛，因为儿子得到桂冠兴奋而死。当然也有伊菲图斯（Iphitos）的故事，据说由他开始古希腊奥运会。他是希腊一个边陲城邦伊利斯的国王，那时，希腊正在饱受瘟疫和战乱之苦，为了抗击瘟疫、期盼和平，伊菲图斯到德尔菲神庙征求神喻，根据神的旨意在奥林匹亚举行大会。当然，学习中老师也可以讲赫拉克勒斯的故事。

一般奥运周的一学期以前，各学校就行动起来，有经验的国内外导师，带着孩子们练习铁饼、投枪、跳远、角力、跑步等。在练习过程中，老师讲明规则，做好示范，更主要的是也要把奥运活动本身的精神——力量、优雅、技能——带给孩子。老师也应该教给孩子必要的纪律、规则、团队合作的要求。

练习是必需的，事实上练习远比比赛重要！每周有定期的练习，使孩子探讨自己身体的能力，也能形成一些体育中最简单的技术"动力定型"，养成比较好的姿势习惯。

现代竞技体育太讲技术和结果，几乎使运动失去了天然的乐趣。并且，幼小的孩子早早的技术定型或姿势定性，对孩子身体的发展是不利的，说严重点，它让孩子失去了其他运动能力发展的可能性。

奥林匹克正式比赛日一般在5月底或6月初的某一天，古希腊也是在夏天。全球夏季奥运会也在夏天。夏天季节晴好，孩子内心向外，适于运动。说华德福奥运比赛日不如说比赛周，比赛日只有短短一天，而孩子们周内就进驻"奥运村"，奥运会的准备也包括好几天在一起的练习时间。

"第一项全体运动，马车跑，这是一项团体合作性项目，要求所有人都需要并排齐跑。考验这些还未相互熟悉的小伙伴的时候到了！第一次试验并不成功，在里圈的同学总是跑得过快，导致外圈的同学气喘吁吁。但大家很快也发现了这一点，在第二次马车跑时明显有了团队意识。"

"很快，所有人都进行了一次铁饼投掷，有些同学动作优美，扔得也远，但也有些同学，对自己没信心，结果也不是那么理想。但在国王的建议下，我们为每一个同学鼓掌，不管他完成得优秀与否，我们都为他鼓掌，因为他已经尽力了！"

这是郑州的小记者张子涵在"小记者专栏"写出的练习的两个场景。这样的机会对孩子的沟通、写作能力都有很好的锻炼。有奥运村子，有记者,有圣火,有奥运大餐,有比赛……我们的奥运很齐备。

奥运营地都是所在学校家长鼎力支持准备的,大多是长长的几座军用帐篷。孩子们通常按古希腊城邦分配,而不是按学校,老师也一样。孩子们开始有欢迎大会,各显才艺,大显身手。

学生老师被分成不同城邦,晨练、清洁、社交;学习、矛盾、欢乐、痛苦,朝夕相处,都在其中。打破学校的界限,就是打破狭窄的自我。体育场上是情感情绪容易达到最高涨的地方,也能激起无穷的向心力。只有放大眼光看到所有人,特别是不认识人的努力,才能够更有同理心,也更接近奥林匹克精神。老师也在这个过程中,根据孩子的性情,建立关系与情谊,转化孩子的体力和内在力量,引导他们向善、美、真的向度努力。我常常看到在大的活动之中,孩子们的状态呈现出团队合作意识,觉得他们比一学期在学校学习到的东西,进入内心的都还多。

我们总是在担心孩子,我看到过为孩子远别流泪的家长,电话有机会就打到老师那里的父母,也有十分担心的老师。在基本安全有保障的情况下,你要说的是:"孩子,别怕!大胆去试!"

我们的教育现在一方面是保护过度,另一方面是不注重过程。保护过度是不够信任孩子,不注重过程是因为我们自己也没有经验。而教育的奥妙就在于,给孩子创造一种空间,让他(她)在其中习得、迁移、转化,并且有一个适应的过程。像华德福奥运会这种活动,既有群体性,又有指导,以及挑战,很适合孩子。

团队合作,意志力锻炼,运动中展示的力量、美丽,都是现在孩子所需要的。

二、开幕式

开幕式大致有入场、致辞、传火种、点圣火、宣誓等内容。下面是我记录的在北京南山华德福学校召开华德福奥运会的场景,大家可以管窥一二。

毕竟比赛日是大日子!

营地的孩子六点左右就早早起床了!事实上,好些孩子几乎度过的是不眠之夜,他们的心里放飞着憧憬、期盼,还有小小的紧张。老师们也是早早起来，大家全面开动，检查孩子们的装束、设施，心中过着流程，仔细查看每一个孩子。志愿者老师和家长们更是如此，查看各项准备，担心天气过热。

随着笛子和手风琴的音乐声，一面奥运五环的引导旗在风中展开，后面徐徐跟着六个希腊城邦：阿古斯（ARCOS）、德尔菲（DELPHI）、底比斯（THEBES）、科林斯（CORINTH）、斯巴达（SPARTA）、雅典（ATHENS）。每一个城邦前面有一个举着引导牌的孩子，还有写有自己城邦名字的横幅，绕场一周。孩子们、老师们精神饱满，观众们掌声不断。列队毕，主办方宣布开幕。请来上届圣火，圣火点燃，环节一个也不能少。奥林匹克之歌唱响，全场应和，灌注精神，动人心扉。

"宙斯、宙斯……"

在众人呼唤下，"宙斯"，这个希腊主神，缓步入场，伴着女伴男从，行止高贵、仪态庄严。一出言语，鸦雀无声，赛场惊叹。

"亲爱的朋友，欢迎你们！

"这些天我知道你们都竭尽所能，让自己变得熟练、强壮、优雅、团结，为了测试你们的力量，大家聚集在这里。两千年前，全古希腊的人都聚集在一起，做同样的事情，这些比赛都是在神的名义下举办的，你们完成竞赛，并赢得创造之神宙斯的奖章，创造之神住在希腊最高的山上，这座山就叫做奥林匹斯山，当我们把运动会称为'奥林匹克'的时候，我们都知道是创造之神让我们变得熟练、强壮、优雅和团结，你们中的一些人跋涉千山万水来到这里，你们都曾努力练习，即使没有获得奖章，你们也同样荣耀。这是全国华德福第五届奥林匹克运动会，这是一个值得纪念的日子，我们汇聚于此，多么荣幸，让我们做到最好，祝福你们！"

鸦雀无声是大家专注，赛场惊叹是因为这个外国宙斯——华德福教育中国播种人本杰明用流利的中文在宣读致辞。

之后是宣誓，一群裁判员代表和运动员代表上前，右手握拳高举：

"我代表全体裁判员和工作人员宣誓，我们在本届奥运会上，将以真正的体育精神尊重和遵守奥运会一切规则，公正无私地履行自己的职责。"

"我代表全体运动员承诺,为了体育的光荣和本队的荣誉,我们将以真正的体育精神,参加本届运动会比赛,尊重和遵守各项规则。"

誓词的声音回荡在运动场上空,下面是孩子们、老师们一张张严肃的面孔。

三、正式比赛

一般正式比赛是从上面提到的"马车跑"开始的。马车跑就是孩子排成一排排,昂首挺胸努力向前奔跑。这个跑法要求是孩子尽量优美地跑,重要的不是因速度而胜出的名次,而是哪一个孩子跑得最和谐、优雅。每个城邦占据一个操场位置,孩子们从自己的位置出发跑两圈。一时间烟尘滚滚,呐喊阵阵,呐喊声里是本城邦的名字。看得出来,每一个孩子都全力奔跑,在奔跑中努力控制着自己的身体,都努力把自己奔跑中的最好姿态展现出来。

比赛项目一般有跳远、跳高、角力、铁饼、标枪、接力等。以下"跑步者"组诗内容来自北京郁宁远老师的博客。组诗很好地描写出几个项目的意义与内涵,我敬录于下:

> 跑步者是神的使者
> 是赫尔墨斯、墨丘利神把他的意旨
> 传达给路人,旁观者
> 和最后的仆人
> 跑步者在神与仆人之间
> 在出发与到达间
> 在重力和支撑力之间
> 在计划和目标之间
> 把一个灿烂的火炬高高举起
>
> 年轻的跑步者在运动中建立了
> 四肢与身体的平衡
> 从而建立了
> 人与大地的平衡
> 这种平衡与和谐
> 昭示了神的和谐的使命
> 年轻的跑步者在
> 和谐中发展自己的四肢
> 体验并延伸了大地与南北四方
> 于是他们在遵循神的规则与意旨中
> 发现了自己的道路
> 并用那矫健的飞奔

他们在掌声中
展示青春的力量

之后是跳远者。
一个脱离地面
向天空飞翔的冲动
以及将这想飞的愿望控制在
重力与冲刺力之间
从而
转化为跨越的力量

跳远者都是梦想家
他们紧紧依靠大地的力量
展开双翅
四肢在一瞬间
涨满羽毛
在风中发出呼啸
他们不能忍受障碍
与阻力

接下来是角力者。
第一次依赖大地的支撑
为自己制造一个对手
像面对敌人一样

面对朋友
接下来是投铁饼者。
铁饼被制成心的图案
只有热血和谐脉络的循环
才能将它掷向远方
……
开放的身心
在周身旋转中
汲取宇宙的力量
群星在旋转中舞蹈
在周而复始中创造
生命的乐章

接下来是投梭镖者。
梭镖是宙斯的目光
所到之处是正义和善良
梭镖的身姿
就是一个方向
一个决定
……
岁月如梭
一生只张一弓

"跑步者在神与仆人之间""跳远者都是梦想家""岁月如梭／一生只张一弓",多么诗意和哲意的语言!伟大的语言!

四、颁奖和感谢

最近两届华德福奥运会最大的变化之一就是奖牌发放方式。以前是分金牌、银牌、铜牌和参与奖,所以出现过一个孩子胸挂、手拎十个八个奖牌的状况。也有孩子什么也没捞到，最后只有一个参与奖，实际上是安慰奖牌。所以出现过不少孩子要么气愤，要么沮丧的状况。现在是参与了，最后都得到一个，也是唯一的奖牌。体育比赛中必要的竞争是应该的，而现代社会强调竞争，体育尤盛，"更高、更快、更强"的背后是"成王败寇"的传统，在巨大的利益下，为争名次服用兴奋剂，不惜损伤自己身体，或是故意伤害对方，健身变成伤身。华德福教育在这一点上，可谓反其道而行之！注重过程，不重结果，也更能过享受过程，就像这次里约的傅圆慧。而对五年级的孩子来说，这只是一次课程的学习，绝不是不能失败的人生起跑线。

通常这样的活动，老师付出很多，家长的参与和付出也极多。以下是青岛王凤桐家长写的：

"丙申年四月十二日，赴古奥场地做志愿者，午间太阳风圈。时见蓝天白云，浩瀚辽远，日晕云卷，蔚为壮观。十四日夜间，司职古奥会保安，夜间十一时许，见明月高悬于石老人海滨，一巨大无比的风圈环绕月亮，白云相伴，如梦如幻。此天垂吉相。"

你完全能被这些心的文字带入图景，惊讶于美景，更欣赏大家熬更守夜的付出。

从成都开始，华德福奥运会一共举办了6次。第一次只有两个学校参加，20来人。此后四届都是在成都举办的，因为当时全国很少有学校有五年级。第五届是前几届中人数最多的一届，有10所学校参与，150多名孩子。而今年（2016）分成郑州青岛两场，一共有250多个孩子。奥运参赛学校和人数的变化，反映的是华德福教育在中国的发展——到2016年春天，华德福在中国一～十年级有各种规模的学校60个左右，老师近700名，学生近3 000。我这样絮絮叨叨地讲，是因为只要我们认真做教育，一切为了孩子，教育的星星之火，就可以燎原。

植物学习
（五年级）
Plant Study

温馨 画

温馨 画

"为什么不像花一样跳个舞？"

"为什么不听听树的心跳？"

"植物为什么不会走路？"

于是，一天，孩子们被分成五组，随着音乐的节奏，穿着优律司美鞋在光滑的木地板上开合，真的像花一样收拢，放开。而另一天在早上主课的时间，做完晨颂的短诗"我看世界中/有灿烂阳光/有闪耀星辰/有石头陈列/有植株生长……"，以及聆听两位同学昨天自己做的植物的短诗后，他们被安排到校园中，每人找到一棵大树，拥抱着，静静的，听树的心跳。

像这种感受性的学习，是植物学习中重要的学习方式，但植物的学习远不止这些。

"五年级这是青春期风暴来临前相对平静的时期。从学生跑步与体操中可以看出优雅与和谐。这正是研究植物的好机会，因为植物的生长与动态体现出其外形美、姿态美、颜色美。尊敬、感激、有趣的感觉需要渗透到主课中，并加深学生作为地球生物的敏锐感。"

"研究植物要求安静，有准确的观察力，感受其成长，欣赏其外形的转化，结构的变化。歌德的植物研究和现代研究对于引导学生进行整体研究提供了丰富的素材。"（《国际大纲》五年级植物）

大纲谈到两个东西，在五年级植物的学习中非常重要，一个是感受，包括审美感受；另一个就是观察，即客观观察。而这两者，是了解主客观世界的有力工具。五年级的孩子，这两者达到了一种平衡，优美、健康，能投入地工作和尽情地感受，而这种平衡很快就会被打破——内在世界风暴迭起，外在世界现实将席卷而来。

像低年级一样，五年级孩子也可以从体验和感受开始。事实上，华德福教育的所谓黄金律之一就是从体验和感受入手。如有的老师用《植物为什么不会走路》的故事作为植物教学的第一课。这个故事以动物的动和植物的不动开始，当老师讲到"树不高兴了，鸟飞来想落脚停息，树转身走开"时，孩子们的惊讶和兴奋全部写在脸上。这是他们非常熟稔的本领，发挥想象力和感受力。

而观察，对于这个阶段的孩子来说，却完全是新鲜的内容。因为孩子的意识发展以前是模糊的，从三年级开始，自我意识可以说真正开动起来，进行内在的工作，到五年级，孩子现在开始对外部世界清晰起来，能够真正观察——"看"周遭的世界了。

培养准确的观察力是困难的，一方面我们比较难静下心来真正细致地观察一个植株，把自己客观化——我们总是生活在我们的观念和感受中，就如同弗朗西斯·培根说的各种假象；另一方面，我大胆猜测，也许是中国人的情感感受性更强，更难客观地"分"，把自己从客观世界分离出来，我说中国人的情感是"人情"与"天道"，西方人则是"自我"与"世界"。也许我们的"万物有情"使我们分离不够，更难形成科学性的概念吧。所谓中国重"和合"，西方重"分别"。当然，这是一说。我自己在英格兰华德福师范培训时，刚开始学歌德植物观察，我根本不知道如何观察，并也完全不懂有何作用，盯着一个植株看几分钟就足够了，哪里需要几十分钟，数周时间？也难怪我，智慧如王阳明守仁先生，也格竹7日，格不出什么东西来，最后大病一场！

如何在植物教学中培养孩子的观察力？

这里有一个案例：制作"发现之眼"。

教学目标：引导孩子用特定的视角去观察

教学材料的准备：可卷曲、有一定硬度的纸板；各色画笔；绳或胶水；剪刀

教学过程：1. 老师通过简短故事引起孩子兴趣；2. 分发材料，交代要求；3. 孩子制作，剪裁；4. 对自己的"望远镜"——"发现之眼"进行装饰；5. 收拾，简单打扫，分组到户外观察，指导；6. 回教室写下所看到的

"我开始看到李老师的嘴巴，然后有树，有花，花上有黄的花蕊。""我啥也看不见。看到鸟在飞。看到池塘、鸭子。""我看到，竹子、竹

子、竹子。""我看到了叶子、果子、花，红色的，好好看喔"……答案真是五彩缤纷。拿起眼睛看，就有五彩世界。

　　有这样一双"发现之眼"，植物正式的学习就可以顺理成章地开始了，植物整体的根、茎、叶、花、果实是要了解的，在这之前对自然的观察已经做好了铺垫，因为从华德福幼儿园期起，孩子就尽可能多地接触自然，包括植物生活的环境，以及植株本身。施泰纳说："你到田里，拔起一棵植物，这就好像你从头上拔了一根头发一样，因为植物是属于地球的一部分，就像头发是人身的一部分是一样的道理。所以，独立地检验一根头发就好像它是凭空长出来的，是完全没有意义的！"讲整棵植株，我会让一个孩子到黑板前面来，然后我把他倒立起来，虽然他吓了一大跳，但通过这样来比较植物与人的关联与对比，很快明白了这个倒立的道理——植物的根相当于我们的头发和头，我们的神经系统真的和树的根系有很大相似！密密麻麻，盘根错节。人的食量，物质和精神的，都来源于于此。而我们的身体躯干当然如树干，如枝叶，得到光合作用，也进行呼吸作用。啊，我们的身体也进行光合作用？呼吸作用还说得过去！是的，我们的身体进行这两种作用，这是事实。如果按施泰纳的说法，植物人就是光合作用太强的例子。这两种逆向运动我们的身体每时每刻在发生！我们不知道的远比我们知道的多。

　　植物的生长过程是一定要带给孩子的。从一颗小小的种子到一棵大大的植株，生命力是如此强大，只要有水和空气，阳光和土壤，风、火、水、土。并且植物生长是向上的，可以说是被阳光和星辰牵引。这是看得见的部分，而看不见的部分却在大地中向下，着力安住。

　　植物生长的过程可以通过栽种豌豆、胡豆来观察，最好的过程当然是联系他们三年级的农耕课——学习如树生长，体验和知识就这样循环建构起来。在这个过程中，一定要尽可能地做记录，因为这是把孩子心的感受部分带到了心的认知部分，这是为观念的世界的建构，为科学观察，为写科学报告，一点点打下坚实的基础。

歌德说植物有"公开的秘密"（open secret）。因为他认为，施泰纳也受他绝大的影响——植物的生长是一个形变过程（metamorphoses）。举例来说，就是一株植物从子房长出的叶子到花瓣，无一不是一片叶子的变形。我们可以找到一棵比较完整的植株，比如成都本地的构树幼苗，卵形或广卵形树叶，最后到花托，一片片摘下来，放到大白纸上，孩子们会清晰地看到，树叶的变化，形状都是相似的，细看却又有所不同。孩子会看到这种生长，生长即变化，并往复发展，继承前面的东西，又有不同。这实际上会碰触到更深层次的东西，植物的某种原型。歌德认为，施泰纳当然也同样认为，这种原型，是直觉把握世界的一个部分，这个直觉是认知和灵感带来的。

当老师带领孩子们研究植物的时候，一般分成两个板块，共6~8周时间。其中也许第一个板块会放在深秋，第二个板块也许放在初夏，因为深秋看到的是植物的收缩和植物的果实、种子；初夏看到的是植物的伸张和叶、花。第一个板块会学习植物的根、茎、叶、花、果实、种子几大部分。老师会带孩子们一起尽量收集不同种类的根、茎、叶、花、果实、种子，甚至制作一类或几类植物标本，或制做叶脉书签，或将果实种子制作成装饰品。

而第二个板块，孩子们会具体学习一些主要的植物分类，如大地之母的婴孩——蘑菇类，有漂亮曲线的植物——蕨类，挺立疗育的裸子植物——银杏，花中高贵的王后——被子植物玫瑰等。这也是用演化系统的方式依照次序介绍植物，所谓从低级到高级。而在这个过程中选择常见的有代表性的本地植物是明智之举，因为孩子们熟悉这些植物，能够有感受，并且似乎从司空见惯的东西下手去了解、研究，就会让孩子们觉得，哇，知识和认知就在我们身边，并不神秘！比如我们学习竹子，孩子们天天都在竹林里玩耍，发现不管是生活用品，还是生产原料，竹子竟然与我们的生活如此密切相关。

教具体植物种类，我们总是让孩子不间断地去观察植物，比如每个孩子（也可以分成小组），找到一棵自己最心仪的植物，一棵花或一株树,然后去观察,可以用莱斯利·罗斯的《笔记大自然》一书中介绍的办法,尽管这本书不是华德福的书,但作为植物的学习书籍也十分好用,去描画下植物。前面提到的观察此时就派上了大用场!孩子们记录下时间、天气,甚至一点点心情,为下一步的集中研究做好准备。

歌德有名的植物研究(请记住歌德不仅仅是一个著名的诗人、剧作家、文学巨擘,也是在自然科学方面有卓越贡献的人,比如颚间骨的发现,比如他的色彩理论),先是客观观察植株,之后是主观感受,想象与之共存,共舞!这个时候就可以引入诗歌、短文,运用水彩、彩蜡,表达感受,有点像我们诗经传统的"诗言志",当然不是简单的香草美人的比附。而这个感受部分,像《大树妈妈》《茉莉花》之类的歌曲,《诗经》里的诗歌,相应的一些名篇短文都会运用起来。其实在此时学习公立教育课本里的文章,也是结合的很好时机。孩子们也自己会结合自己的想象写出诗句文章:

叶说,春之至,徐风吹来,千树花开;
叶说,夏之至,百鸟归巢,浓荫蔽日;
叶说,秋之至,树树秋色,叶舞花歌;
叶说,冬之至,草木萧瑟,万物齐眠。

关于特定植物的学习,我们就有这样一个例子。

高风亮节的挺拔君子——竹子教学

目标:让孩子认识这种与我们生活密切相关的植物,认识其特征,以及与周围环境的关系

课时:3节

教学活动:收集与生活相关的竹制品;简单制作竹制品;感受学校的竹林并推荐参观亚洲最大的竹林公园——成都望江公园;利用国画课学习画竹

材料准备：湘妃竹或西南竹王的故事（参杨宪益《竹的故事》）、绘画草稿本、彩色铅笔、绘画夹子等

教学过程：

第一天，从学校的竹林谈起，带领孩子参观，并给孩子们 20 分钟绘画；回到教室介绍竹子，让孩子谈竹子与我们生活的关系，之后过渡到竹的特征（竹可以长很高，竹节，竹里是空的，竹节有较强的硬度等），讨论的内容老师写在黑板上，让孩子记下来，回家后让他们整理，也可让他们在父母的指导下找有关竹的诗歌或故事。

第二天，回顾昨天的内容，继续讨论竹与人的关系，以及为什么有这样一种关系。让孩子把昨天画的内容整理到主课本上，过程中老师修改孩子们的昨天整理的文字内容。分享收集的诗歌之类，讲故事。谈谈竹的直立品质。回家继续增添文字内容。

第三天，把老师帮助修改后的文字内容写到主课本上，在手工老师或竹艺师傅指导下制作简单的竹制品。最简单的就是为自己、家长或同学制作一双竹筷。

说明：竹子是成都农村司空见惯的植物，与生活密切相关。它是种子被包裹的被子植物中的单子叶植物竹亚科，通俗的说，与树区别的话，是长高不变粗的植物。它外在特征明显，有一定科目代表性，学生熟悉并与他们生活有较密切关系，适于学生学习。选择本地有代表性，特征明显的植物是非常重要的。一方面与自身实际的生活环境联系，学习有极大的意义；另一方面，从自身环境或实际生活零碎纷杂的现象中能够跳出日常的视角，归纳总结出背后的东西，是最了不起的教育！再者，不与自身的周遭相结合，如何链接到本土的文化精神，带来无穷灵感？亦步亦趋的文化，是十分可笑的，也是万分可惜的，自己斩断了与母体的连接，相当于文化上的"自宫"。而在备课操作上，与本土艺术和手工艺联系，与所在地区诗歌文章关联，也是老师要用心考虑搜集的材料。

适当结合本地资源的参观访问是很有益的,课程中间或结束可以进行这样的参访。比如有一个班课程结束后,我带孩子们去天下秀的峨眉山爬山。峨眉山本身就是座植物宝库,它154平方千米的风景区内,据现有资料已知拥有高等植物3200种以上,约占中国植物物种总数的十分之一,占四川物种植物总数的三分之一,其中一半为药用植物,有数种植物对当前世界癌症治疗有直接药用价值。峨眉山有珙桐、桫椤等著名植物以及多种类的杜鹃。全山森林覆盖率达91%。这样一个本地的绿色宝库,肯定不能放过。同时那里有自然博物馆,包括昆虫展览,昆虫在植物世界中也是很重要的媒介。行前资料的收集很重要,行中的介绍和实践活动的设计也很重要,之后要有总结。如果在行程中能有一些专家或熟稔本地相关知识的人同行更好。

后来我们去游学峨眉山,参观峨眉山的自然博物馆。大的步骤和内容都不错,在最后这个相关专家或相关人士上有个孩子奶奶答应来,结果没有成行,而我自己在专业认识植物上能力远不足,使出行打了折扣。也算教学总是遗憾的艺术吧。

大家可以通过这些例子看到,植物教学具有整体性、艺术性,与生活紧紧相连。并且,五年级的植物学习和一年级的自然散步、二年级的自然故事、三年级的本地农耕、四年级的本地地理、六年级的矿物,乃至高中的生物学、生命科学学习都是贯穿的。我们就是要在过程中让相关学科,能够抒发其特点的科目都参与进来,进行全方位学习。通过这样的学习,也让孩子认识到外在世界之中有着因果的关系,为他们下一步智性理性的发展通过感知和想象打下基础。如英国华德福教师科瓦奇在《植物》一书中所谈到的,"给予知识的同时,必须要满足他们的情感、想象力及孩子懂得的诗意。只提供单调的知识,会使他们的幻想、想象力和创造力枯萎,死亡"。

主要参考书目

[1] [奥]查尔斯·科瓦奇. 植物[M]. 台湾新竹人智学会, 译. 台北: 台湾旺旺出版社, 2012.

[2] [美]克莱尔·沃克·莱斯利, 查尔斯·E. 罗斯. 笔记大自然[M]. 上海: 华东师范大学出版社, 2008.

[3] [苏联]维塔利·瓦连季诺维奇·比安基. 森林报[M]. 王长松, 等, 译. 上海: 上海科学普及出版社, 2005.

[4] [英]玛格丽特·科洪. 阿克塞尔·埃瓦尔德. 生命的四季[M]. 王勇, 陈青, 译. 天津: 天津教育出版社, 2013.

[5] [美]罗赛. 花朵的秘密生命[M]. 钟友珊, 译. 桂林: 广西师范大学出版, 2004.

温馨画

秦汉与罗马（六年级）
Qin Han and Ancient Rome

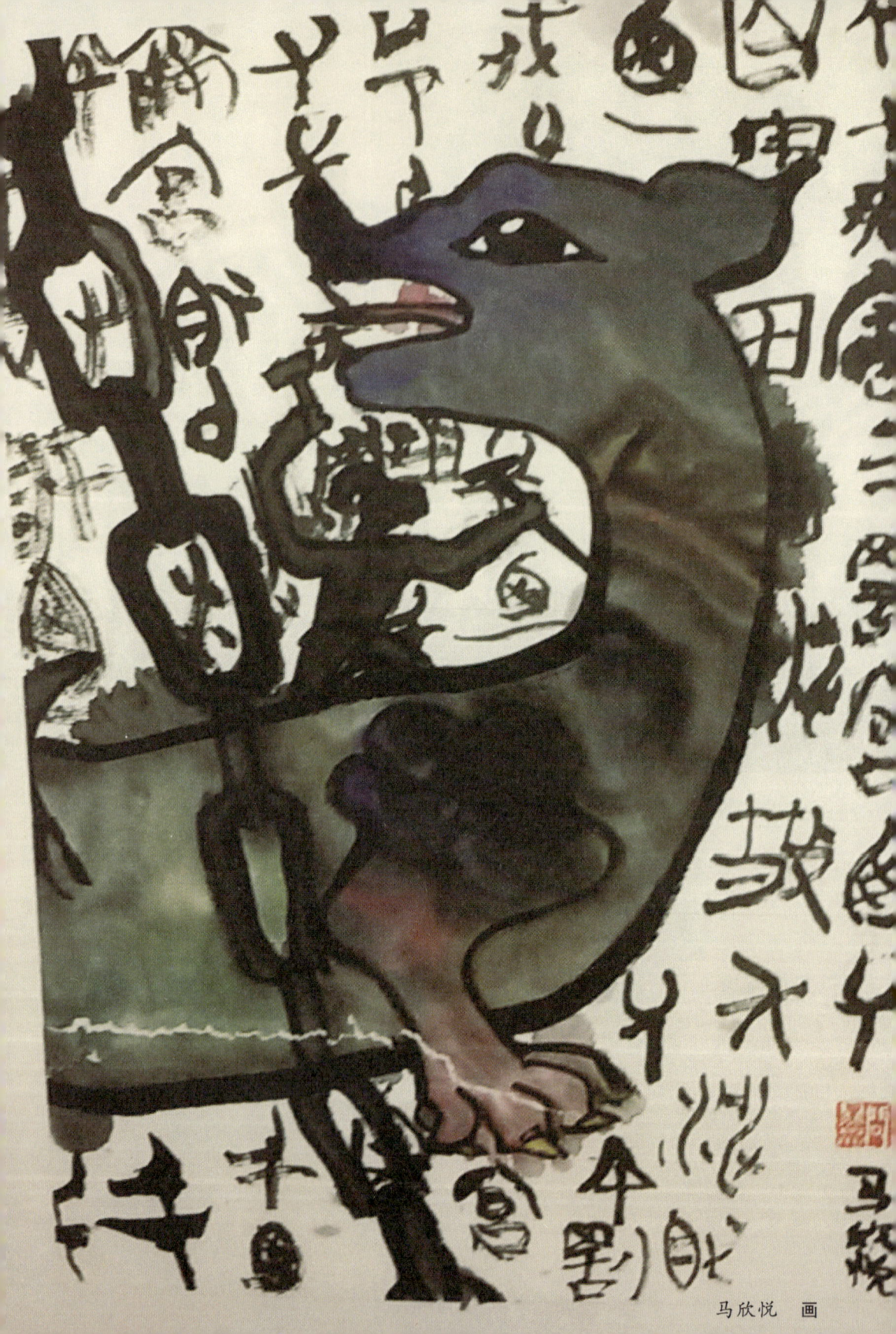

马欣悦 画

"皇帝临位，作制明法，臣下修饬；廿有六年，初并天下，无不宾服；亲临远黎，登兹泰山，周览东极；从臣思迹，本原事业，祗颂功德……"

　　孩子们手里拿着木棍，大声读一句，重重跺一下脚，木棍头戳在地板上，两种洪亮的声音在大厅里混响着，整齐的句式、整齐的动作、齐整的声响，仿佛让我们听见两千年前，原野残阳如血，那——群虎狼之师的秦军，群负厚囊，穿甲衣，冲杀六国、匈奴，誓死向前的气概。

　　上面的短韵文，是秦丞相李斯写的，刻在泰山的石头上，歌颂秦始皇兼并天下、登临泰山、封禅巡游的事迹。四言朴质，节奏分明，语意看繁实简。这个《泰山石刻文》体验活动，我觉得比较符合六年级孩子体验历史，感受本源，初步思考内在历史逻辑的发展特征。六年级孩子身体的发展是身体变重，开始显得手长脚长。华德福教育有些有意思的看法，就是孩子的身体发展与意识发展，或精神发展之间，有明白的对应关系，在施泰纳《人的普遍智识》演讲中谈到新陈代谢系统对应意志，呼吸血液循环系统对应情感，而骨骼神经系统对应着思考，骨骼对应着逻辑和逻辑发展！神经系统是朝向物质化的。所以六年级孩子骨骼的增长，也预示着思考的增长。听上去匪夷所思，实际上这些确都是我们人的自然生理现象，六年级孩子身体变重，最主要是由于他们骨骼的增长。内在构架的建构，神经系统的发展，这种发展带来的是更物质的、逻辑能力的发展。它支持着有前因后果的逻辑思考能力的发展。还有外在规则问题，因为这个时候的孩子不再沉浸于自己的感受世界，他（她）向外，必然要懂得外在的制约和运用外物。如果说"立大之道阴与阳"（《说卦》），这个阴阳间的互动就是呼吸，那么，呼吸的自然的脉动，是强力意志所在。所以思考和意志在六年级都有一个发展。

　　我的体会：六年级孩子最大的特征之一是"对立"和"呼应"。从某种意义上说，六年级的孩子是最物化的人，看中外在的样态与力量，而这有着外在物与内在思考的对立，物质与精神的对立。但要役使器物，就必须研究它的内在规律。所以抽象力与思考是十分重要的。这又成了一种呼应——对立变成了和谐！像阴和阳！同样，因导致果，这更是一种呼应。六年级课程中,秦汉、罗马与中世纪,物理的正负电极相斥与相吸,商业数学的买和卖,岩石与矿物的融化与板结,都能表现出这个年龄课程的特点。

这里重点是具体来说说历史。秦汉相较,秦血腥,刚硬,尚黑色(秦人认为自己克周,周属火,自己是水,水克火)。汉相对柔软宽松一些,尚赤色(汉人认为木于火,称"炎汉")。总结下来,秦重法家的教训,汉所谓以孝治天下。这是"对立"。而秦汉在架构、威权、武力上又具有极大一致性。这是"呼应"。而秦汉之间的楚汉相争,项羽的彪悍与刘邦的计谋,"不肯过江东"与"吾翁即若翁,必欲烹而翁,则幸分我一杯羹"(我父即你父,一定要杀来煮了,很高兴能分一碗)也是一个对立与呼应。汉后期到佛教东来,道教兴盛,也是对立和呼应,物质与精神。罗马中的共和与帝制也是一种对比,那个时代的物质超级发达,不信你看看罗马的工程工艺,与多神教与基督教的兴起,也是一种对立和呼应,这种对立、呼应延续到中世纪。

六年级历史课程是秦汉与罗马。我讲秦始皇的故事,有这样一个开头,"秦始皇如果从他的陵墓里出来,一听说什么双流县、新津县、眉山县(成都附近的县),然后就伸伸懒腰,放放心心回到陵墓里继续睡觉,天下还是他两千二百三十五年前的天下,因为从那个时候就开始的县制还存在着——如果他听得懂现在的四川话的话!也许还听得懂呢,因为四川话很古老,方言一般都很古老!"

"哈……"学生们一阵嬉笑,于是我从嬴政的父母,秦异人、赵姬讲起,讲他统一中国、巡游、求长生不老、郡县制度、"车同轨、书同文"、统一度量衡、焚书坑儒、五尺道等内容。既讲他如何铁血,杀人如麻,也讲他多次遭遇刺杀的事情,多少还原一些历史中的人物真实。夸大一点说,是人性的真实,我们的文化太容易符号化,落入"成者为王、败者为寇"的窠臼了。

在教学中我常常寻求什么样的器物、颜色、图案能够最简单、最经济地代表那个时代?哪些符号是那个时代的鲜明特征。我常常考虑并试图用颜色、符号来做一条时间轴,华夏的时间轴,也带着孩子们做一些尝试。

比如讲秦，我们可以用什么来做代表。我认为"权"——秤砣——比较能够代表。代表那个时代的威权、统一。

于是我让同学们画秦铜权——铜秤砣，也从科技度量衡的角度去看统一帝国的意义和作用，也学写战国七雄时代不同国家的"马"字。然后，我们进一步寻找孩子真正感兴趣的事物和事件的内在逻辑关系。

为什么要统一度量衡、文字？为什么能够统一？商鞅变法为什么会成功？为什么荆轲刺秦不会有真正意义的成功？反过来说就是秦为什么能成功……

秦汉奠基中华文明的最终结构，一个是政体，另一个是与之相辅的文化心理结构，正如李泽厚所谓董仲舒在《春秋繁露》中给予的天子臣民各归其位的建议。天子顺天，百姓顺天子。把中国传统的"天人感应"转化成了政治和文化心理结构，光靠武功是不能解决问题的，还要文治。就像刘氏王朝转到以孝治天下一样。

讲秦汉必讲楚汉相争，楚汉相争肯定要讲鸿门宴这一节，所有的戏剧元素都在这里：鲜明的人物性格，刘邦的城府、项羽的"仁义"、范增的谋略和远见、张良的机变、樊哙的忠勇。老师可以先讲述故事，再拿《史记·项羽本纪》原文给孩子们。研读之后，可以让孩子们自己编一出戏，随堂演出，再配以事先准备的琵琶曲《十面埋伏》。

下面是我的一个教学计划，我们来看一看。

教学目标：六年级孩子身体的发展和生命力的展开赋予力量；青春期的情绪需要方向；自我带来的思考探寻规律。施泰纳谈到五年级中历史概念性的东西要逐渐给予孩子，结合本班孩子的实际情况，配合孩子意识发展，感受学习从先秦的神性到英雄，至秦、汉的英雄到国家架构的成型与宗教兴起止的人物、事件和环境；配合自我与智力发展与寻找内在规律性；配合情感发展注意历史事件、文学艺术作品的内在人性情感力量。通过故事等感受性学习。方法上是把不同发展阶段的文献、器物，通过呈现与对比来学习，这样更客观，更本质。

学时：上学期计3周，14节主课

内容：歌曲《滚滚长江东逝水》

诗文：(范仲淹《渔家傲·塞下秋来风景异》、《诗经·绵》、李斯《泰山石刻文》、史记《鸿门宴》)

艺术活动：古代图案线画

实践活动：做木戈，走秦军方阵

具体内容：

1.《诗经·绵》(盛大，历史述说)；2. 城门立木与商鞅变法(规则)；3. 长平之战(纸上谈兵)；4. 荆轲刺秦(气概，慷慨)；5. 秦始皇的故事和秦的建立(真实的，国家建立，法的威力)；6. 泰山石刻文；7. 鸿门宴。

资料准备：Lindenberg, Teaching History in Waldorf School，《中外文明同时空》，《春秋战国-希腊》，《秦汉—罗马文明展》，《图说天下——春秋战国》

选《诗经·绵》是为了对五年级内容进行回顾。当然，这是根据当时的孩子没有学过荆轲刺秦前的一些典型故事，事实上，即使讲过，回顾一二也是很好的，秦和整个帝国时代的开始并不只是从公元前221年。之后下期的主要学习内容是"大汉"，即汉的正大。从历史发展的意识来看，对比秦的法家治国思想，汉提倡孝，从坚硬的法律外在构建到人情的内在秩序的建立。我们的内容安排了楚汉之争、文景之治、飞将军李广、汉武帝与张骞出西域、竹简书写、游学西安等。汉赋是必须给出来的，我选择的是贾谊的《鹏鸟赋》部分。而通过对楚墓简"大一生水"(从篆书向隶书过渡)的学习以及内蒙居延汉简的摹写和制作，我、书法老师王涛和孩子们都大有收获。

上面提到的一本资料书籍——《秦汉—罗马文明展》——是中国国家文物局与意大利文化遗产与艺术活动部主办展览的一个记录，配着很好的图，是罗马的文化和秦汉文化的种种方面的比照：煌煌的都城、浩瀚的疆土、农业手工业的发达、日常生活的丰富、精神世界的多神等，实物佐证，琳琅满目，共同之处，不一而足。罗马帝国分裂前的历史超过 400 年（前 27—395），东罗马帝国有上千年的历史，秦汉有 400 多年，尽管秦只有短短 15 年（前 221—前 207），但古罗马也被中国古人称作"大秦"。其实仅凭我们的印象我们就知道，秦汉和罗马何其相似：庞大的疆域、巨大建筑、铁血的军队、严密的国家政体、严整的法律。

按英国历史学家阿诺德·汤因比的说法，历史上国家形态只有两种：一种是希腊的，城邦式；一种是秦的，帝国式。西方华德福学校先学习希腊类型，然后是六年级罗马，也就是秦帝国类型。

六年级罗马的学习我们是如何进行的呢？

维吉尔在《埃涅阿斯》中用这首短诗简括罗马建立的历史和渊源：

> 武器和人，
> 我要歌唱，他是开路者，
> 注定的流亡，从特洛伊海岸
> 到意大利，连理上了拉维尼亚祝福的青丝。
> 他坠入风暴，在陆上，在海上，
> 这是上天的暴虐，到心满意足
> 严苛赫拉昼夜不停的愤怒；
> 还有战争中众多遭遇
> 他痛苦挣扎，找寻到最后，
> 一定要找到那个城市，
> 说服他父亲的众神们
> 到拉丁姆安全的居所；
> 从那里升起了
> 拉丁民族，老阿尔巴的尊贵议员们，
> 以及山丘上建立起宽大城墙的
> 罗马帝国！

我选择这个短诗让孩子们学习，并讲了那个著名的建城故事——罗马城的建立。罗马城的建立是从特洛伊的沦陷开始。

特洛伊人埃涅阿斯因希腊联军的木马计，使特洛伊的陷落，他只好惨别妻子，携老父背井离乡，抱本族神龛，带族人逃向意大利的拉丁姆。中途埃涅阿斯与迦太基女王伊莉莎相好，后来到拉丁姆，传了十五代。当传到一个叫努米特的王时，他的王位被弟弟篡夺并杀了他的儿子，他女儿西尔维亚因是侍奉灶神的圣女，不能结婚，没有后代，所以没有杀她。但战神玛尔斯爱上了她并结合，生下了一对双胞胎。当这个篡位的弟弟得知后，立即处死了侄女，并命人把双胞胎投入台伯河淹死。

河边婴儿的啼哭声引来了一只母狼，她用自己的乳汁喂养了他们。他们大的叫罗慕路斯，小的叫勒莫斯。后来两兄弟为父报了仇，兄弟俩想在台伯河下游有七座山丘的地方建城，因命名权争执引发暴力冲突，罗慕路斯杀死了弟弟勒莫斯。并以罗慕路斯自己的名字给这座城市命名为"罗马"。

联系起以前他们学过的特洛伊和奥德赛。为此我们还编了剧本，期末结束时进行了盛大的演出。印象中家长帮助做了一个超大的特洛伊木马和船的一侧。除此之外，还有华丽的罗马盾牌；场面宏大，色彩鲜丽，美不胜收。

下面是我的另一次罗马教学总结，大家可以看到大致的罗马教学内容。

我承担了从 2012 年 9 月 11 日到 9 月 26 日共 3 周的罗马板块教学。我们首先复习了罗马的起源和建立、王政时代、共和时代。"谁是罗马时代的张飞？"在学习罗马英雄贺雷修斯时，我提出这个问题，一下子抓住了孩子们。在贺雷修斯教学的过程中，一方面让孩子们体会到传奇英雄的故事，以及其中的图景，激发孩子们的图景和激情；另一方面也从文字自身的力量去激发孩子，比如文字的重要词语及发音，特别是辅音与意义之间的关系。同时我也将罗马时代的相关知识带给孩子们，如募兵制、拉丁文。我们学习了好几条拉丁格言，比如"Vir sapit qui pauca loquitur"（智者寡言）；"Errare humanum est"（是人都会犯错）。前一条针对他们爱随意说话，后一条让他们知道犯错也不打紧。我们也唱了拉丁时代的歌曲"Dona nobis pacem"。然后我们学习了罗马与迦太基、汉尼拔的故事，之后介绍了斯巴达克斯起义。我重点介绍了奴隶制度，这种现实的不平等，以及角斗士和十一抽杀律，表现出现实的残酷。

然后我们介绍了凯撒，讲述凯撒的故事。"Veni, vidi, vici."（我来，我见，我胜）是必须介绍的，接着是凯撒的传奇故事，包括他英俊，喜欢花钱，大方；作战的英勇；深入敌穴侦查；没收自己军官的马；自己的马像人脚；和士兵同甘共苦；对朋友好，但喜欢看流血角斗；和庞培的斗争。孩子们在画凯撒的肖像画时，我觉得对他们来说会比较困难，大多数同学完成得还不错。我们也介绍了拉丁语，它是西方语言的基础，我们学习了基本拼法，孩子们也感兴趣。

第二周我介绍了罗马的方队，然后我们每个早上进行操练。我们继续学习凯撒，演了凯撒的即兴剧，又学习了十二铜表法。十二铜表法的意义是成文法的颁布，一方面是对社会的思考的展现，另一方面也是在社会生活中立一个准绳。六年级外在的形成对孩子的内在形成是非常重要的，同样的，秦律也是与这个阶段的孩子发展相对应的。而我们学习十二铜表法的时候，我精心挑选了法律条文打印给孩子们，全班一起学习。我提出问题，然后让他们根据问题在条款中找到答案。他们对一些条款非常感兴趣，比如污蔑别人，乱写一句话，或唱歌讥讽别人，就被判死刑。大家认为这也太严重了，同时也认识到法律的残酷。然后我又把孩子们分成不同的小组进行研究。之后，我请孩子们分4人小组进行庭审，有法官、陪审员、人犯、法警。第一组是污蔑别人的，处死刑；第二组是借钱不还，判还钱；第三组是橡树果落到别人的院子里，属于原主人；第四组是收贿赂，判死刑。同学们依次上台表演，陈诉案情，判决案子，不亦乐乎。"可以翻条文"，这是我最想留给孩子们的惊喜。

我们学习了基督教在罗马兴起的相关故事。

之后，我们学习了罗马数字，介绍了罗马数字的七个基本符号：I（1）、V（5）、X（10）、L（50）、C（100）、D（500）、M（1000）。

限于篇幅，我就不一一分析了。相信大家会从这"流水账"中有所发现。

课程开始时我在东头画大汉帝国，讲大汉，后来在西头画秦帝国，讲罗马，最后孩子们发现，两大文明在亚欧大陆上，雄踞两极，遥相呼应。

"嗯……"一个同学徘徊来徘徊去，在黑板前，盯着图，"不简单……"

主要参考书目

[1] 林言椒，何承伟. 中外文明同时空：秦汉VS罗马[M]. 上海：上海世纪出版股份有限公司发行中心，2008.

[2] [古罗马]凯撒. 高卢战记[M]. 任炳湘，译. 北京：中国青年出版社，2012.

[3] [德]蒙森. 罗马史[M]. 肖婷，译. 北京：北京理工大学出版，2015.

[4] 郭长刚. 失落的文明——古罗马[M]. 上海：华东师范大学出版社，2001.

[5] Dorothy Harrer. *Roman Lives*[M]. New York: Mercury Press US，1995.

[6] [日]盐野七生. 罗马人的故事[M]. 计丽屏，等，译. 北京：中信出版社，2011.

[7] 中国国家博物馆编（陈成军，王永红）. 文物秦汉史[M]. 北京：中华书局，2009.

[8] 吕思勉. 秦汉史[M]. 上海：上海古籍出版社，2005.

温馨 画

岩石与矿物（六年级）
Rocks and Mineralogy

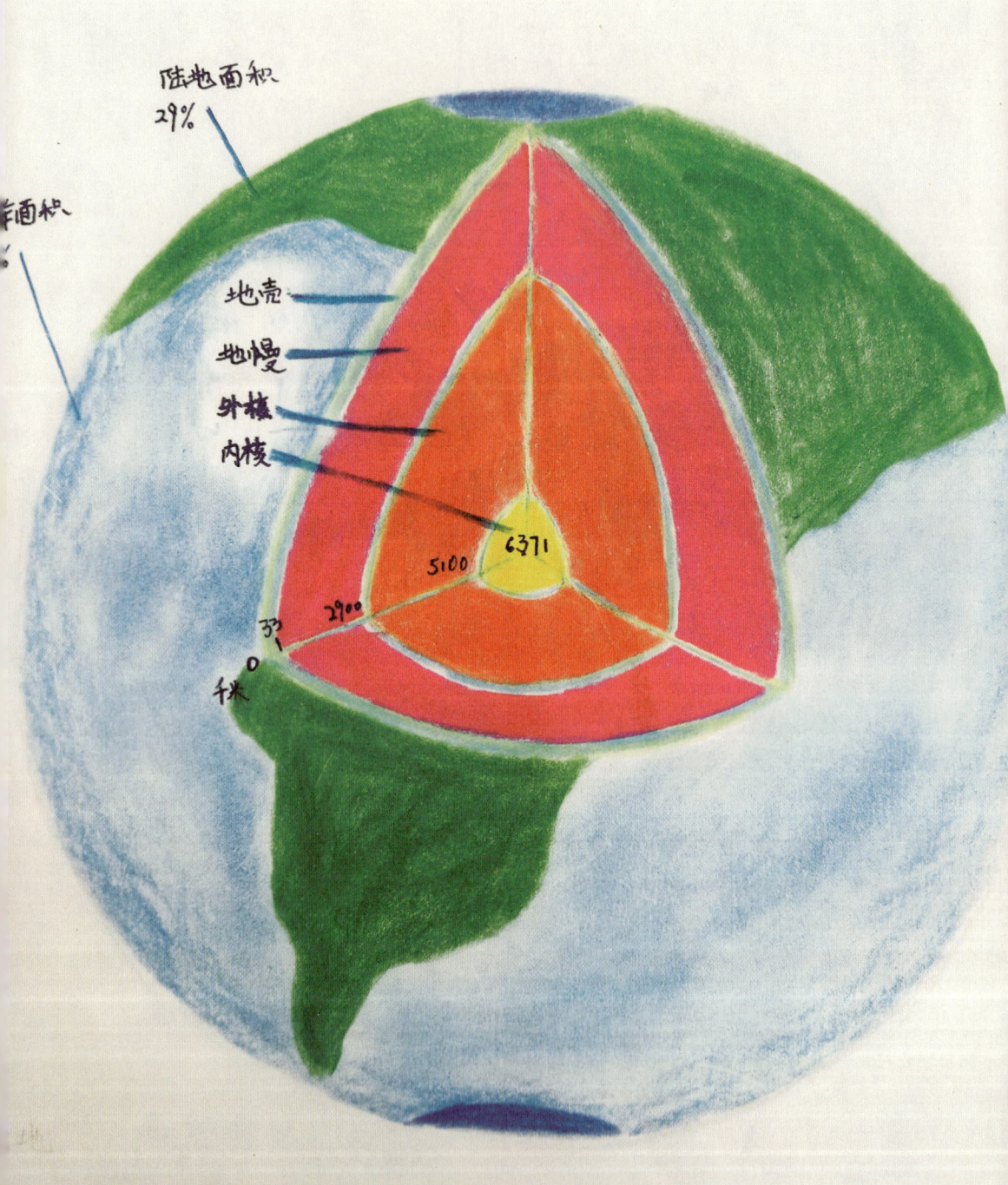

我开始学习华德福课程的时候，一直不明白为什么三年级学习创世故事，四年级学习人与动物，五年级学习植物，六年级学习岩石与矿物。后来才逐渐明白其中的道理。施泰纳根据印度东方智慧的启发，把人分成四个基本组成部分，即"四元"：Physicher Leib（德，下同）物质身、Ether Leib 以太身/生命身、Astrid Leib 星芒身/情感身、Ich 自我。听上去有些名词术语的感觉，实际上也很好理解：抬眼望向这窗外春天的世界，有树、有土地，有动物奔跑歌唱。这土地上的泥土、石头，总的来说是没有生命的，是矿物，"纯"无生命的物质；而吐绿的树，它生长，从一颗小小的种子到参天之大树，是生命力之催动；而狗们、鸟们，有着自己的感受与歌吟；作为自主看的这双眼睛的主人，我们有着自我的认知，与世界拉近距离，或保持距离。创世故事是对自我的由来进行最基本的认知，也呈现一个完整的世界。而人与动物的学习是跟情绪感受世界相联系。植物与矿物对人来说是更加客观的世界，从某种意义来说离人也更远。一个孩子到这样一个春天的环境中，最能吸引她的是同伴、动物，因为这些离自己作为人的存在更近。但随着他们的成长，他们也慢慢对周遭其他世界感兴趣。

所以孩子三年级学习创世故事，四年级学习人与动物，五年级学习植物，六年级学习岩石与矿物。很多老师也把天文的学习结合进去，但天文的学习，对我来说，太陌生，讲得很少。有的老师也把天文放到七年级。

六年级岩石与矿物的学习是一种"客观化"的学习。它需要发展一种孩子透过表象世界寻求内在联系和规律的能力。另一方面，也需要他们"主观化"——把这些"死"东西艺术地转化成"活"的东西，以引起这个年龄段孩子真切的兴趣和共鸣。罗伯特·弗罗斯特的这首《火与冰》，是这个阶段孩子的一种象征，这首诗有很多译版，包括屠岸的，我不是很满意，下面是从英文原文所译：

   有人说世界将终结于火；
   有人说是冰。

> 根据我对于欲望的体会
> 我会附和赞成火的人。
> 但是如果它必须覆灭两次,
> 我觉得我了解恨足够深,
> 在破坏方面,冰
> 也同样巨大
> 且能胜任。

许多老师这个时段的教学都会在黑板上画一座内涵炽热、外喷强烈的火山!它红色的火焰似乎把所有的一切都可以烧灼掉,吞噬光!这个阶段的孩子们很能理解这一切,因为他们的内在就有这样的火山。

岩石的种类主要有三种:岩浆岩或火成岩(Igneous Rock)、沉积岩(Sedimentary Rock)和变质岩(Metamorphic Rock)。代表的岩石是花岗石、石灰石和大理石。

我最得意的一节岩石与矿物课就是介绍这三类岩石的那一节。

做完热身游戏唱完歌,我请孩子们出教室,在校园里随便找到一颗石头,我称之为他们的"命运石"——碰上即是缘。这样做一方面想让他们感到随意一些,生活即学问;另一方面想告诉他们人生真的如此,学会欣赏碰见的,不要太挑三拣四。当然,一节课里挑石头也不要太花时间。

于是他们就照着做了。

一刻钟之后,他们就拿着石头回来,堆放在我准备好的紫色桌布上,有大有小,最后进来的一位男孩子却搞了一个闪着银光的大家伙!我赶快给他挪出地方,他于是把它往桌上一蹾。我也把我准备的一些石头放进去。收集完毕,我请一位同学过来,把石头进行分类,他东瞅瞅,西看看,分成一堆堆的,我让他写下理由。然后请另外一位同学过来,她闻了闻,掰了掰,又分成另外一堆堆的,我也让她写出理由,然后请他们给同学们说一说。

"我分的理由是它们的味道、颜色,还有它们松不松,还有大小。

比如这是棉花糖，这是烂橘子！"

"我分的根据是它们的颜色、松紧程度、坚硬程度。"

"从里面来分！"下面的同学说。

于是我拿出事先准备好的锤子，让一个壮孩子戴上护目镜，砸开几个石头，大家感到十分惊讶，观察得十分认真。从结论入手，我请他们讨论，什么是石头们最共通的特征，为什么会有这样的特征。

大家说松紧和坚硬度似乎更共通一些。

"为什么？"我马上追问。

几个让人哭笑不得的回答之后，"它们成的原因不一样"跑出来。

等到了！

"你是说形成的原因不同？成因不同？"我不紧不慢地问道。

"是啊。"

"有什么不同？"

他们面面相觑。

于是我开始谈成因，火山运动和岩浆喷发、沉积，还有侵蚀等作用引起岩石的改变也是形成岩石分类的原因。因为成因不同，所以有岩石不同的内在结构。加上我们前几节课的"制作地球""板块组成""不平静的大地"等内容，他们很快明白我们谈论的东西。

岩石与矿物的学习是地质学习的一个重要部分，澳洲华德福学校 Discovery（发现）大纲建议大致包括这些内容：

- 地质学中的力量
- 岩石作为地球的骨骼
- 当地地质学的故事，进而扩展到对全球的介绍
- 地球的构造
- 板块学说
- 岩石类型：岩浆岩、沉积岩、变质岩
- 地球的"宝石"以及它们是如何形成的
- 为什么本地岩石有那样的特征
- 本地著名的矿物

通过学习，希望孩子们：
1. 能够对周围直接接触到的环境中的地质学内容有所了解；
2. 对土壤、岩石、宝石的构成，能够做出正确的书面描述；
3. 理解地球是如何形成的（使用简单的术语）；
4. 理解地球的表层是如何发生改变的——火山、侵蚀、环境问题；
5. 分辨出不同的岩石与晶体；
6. 理解本地区矿产是如何形成的；
7. 理解更多关于"自然灾害"的内容。

教学策略：
a. 前往富有地质特性的区域实地考察；
b. 专题研究、观察、搜集、记笔记等；
c. 不同种类岩石的象征性意义，如水晶与宝石在神话与传说中的故事；
d. 矿物在医药以及烹饪方面的应用；
e. 盐及盐的制作；
f. 天然资源，采矿业；
g. 研究项目：每一名学生都研究一下自己的幸运石（birthstone）；
h. 参观博物馆；
i. 邀请嘉宾演讲；
j. 参观一座金矿；
k. 使用地图与简图来解释地质的形成。

具体地说，"地质学中的力量"是指风力、水力、压力、磁力、热力等，它们对引起地质变化起很大作用。让孩子知道自然现象背后的成因，从而开始探究起规律是必要的。对比"地理"和"地质"，英文是 Geography 与 Geology（台湾版将爱尔兰老师科瓦奇（Kovacs）六年级教学的书译成《天文与地理》，有误，应该是《天文与地质》），地理为"地之纹理"，更直观，更感性，而地质相对抽象，理性一些。所以四年级开始比较正式介绍地理，六年级开始介绍地质，我认为有这样一个道理。

另外，把岩石比喻成骨骼是非常贴切的，如同把水比喻成血液。这里完全可以唤起孩子们回忆起学过的神话《盘古开天地》。在这个中国创世神话中，《五运历年纪》云："盘古之君……死后骨节为山林，体为江海，血为淮渎，毛发为草木。"结合到人，孩子们很好理解。在学习"地球的构造"与"板块学说"时，有一节课可以让孩子们自己"制作地球"——像亚当、夏娃和女娲创世一样。之后再做一个拼图游戏，让孩子直观感受一下把地球想象成一块整体的图景。关于六年级是否介绍板块学说是有争议的，主要点为一，太抽象；二，这只是一种假设学说。不过我倒觉得从想象的角度出发，给孩子一种可能性，还是值得用一节课尝试。我还让孩子们用面包片表现这种变化，也展示那三种岩石的形成，效果不错。

关于这里的学习目标，我觉得有两点值得注意。一是可以使用一些简单的术语；二是注意自然灾害的问题。前者是我们老师应该有意识地带入一点学术的东西，为孩子以后的学习打基础，而学术术语是学术学习很重要的精确的概括，内涵和外延有定指，本身也是重要的内容和理解的起点。自然灾害与环境保护密切相关，这越来越是当代人的意识。我们老师宣传环境保护，实际行动起来是非常必要的，但是，我们也不能成为过度的环保论者，我们应该看到大自然本身的变化所带来的灾难，而不是所有的一切后果都是由人带来。

说到环保，以上内容主要引自澳洲华德福学校大纲，里面还引用蕾切尔·卡逊（Rachel Carson）（美国科普女作家，她的那本《寂静的春天》引起现代环保意识，也引起敌敌畏的禁用与否的论战）的一句话："一个孩子好奇心的培养，要求至少有一个能与他们一起分享的成年人的陪伴，与他们一起重新发现我们生活的这个世界的快乐、兴奋和神秘。"

这里有三个名词值得关注：好奇心、陪伴、发现。

像前面列举到的例子，在施泰纳华德福教育的教学法中，有很重要的手段，即回到孩子本身去，回到人中去。具体地说，把那些没有生命的东西，转化、隐喻为有生命的、鲜活的、人的。六年级的孩子，对知识和外部内部世界的好奇与日俱增，他们愿意去探索世界与世界背后的规律，但是，他们还保留着强烈的主观和个体因素。他们想要了解的不是死的、单纯的名词术语或知识、器物，而是他们可以理解的、建构和想象的东西。一位华德福老师写道："传统教育的目标是将孩子引入特定的知识领域，而华德福教育则与此相反——以一种促进孩子健康发展的方式将各领域的知识转化成教育本身。"即是这些知识为教育本身服务，而不是教育为这些知识服务！

比如我们带孩子们去自然博物馆参观。如果你去看标牌上写的东西，不管拉丁文还是英文，你一定会一头雾水。岩石和矿物里有太多的名词术语。那些标注的化学成分固然十分重要，但与我们是隔离的。事实上，如果我们不是专门的化学矿物学老师，我们并不会关注它的化学构成。我们关注的首先是琳琅满目、姿态各异、五彩缤纷的矿物陈列的世界。形状、颜色、疏密程度，当然还有中文或英文的名称：金、银、陨石……让孩子们感兴趣的也是这些东西，好奇心与探究欲推动他们去发现东西背后的成因：为什么会不一样？为什么那么多年了那只蝴蝶还在那个石头上？

在那里同学们印象深的是颜色，不同的金属属性呈现不同的颜色。这与他们看到的山的颜色、珠宝的颜色，都结合进去了。我们还提到了光谱。

放眼看世界，学生们发现岩石与我们生活的联系居然如此丰富和重要！环绕我们四周，哪一处没有石头？钢筋水泥的城市、外墙的瓷砖，行走的人行道，都是由不同形式的石头转化而来；家中石头的摆设、妇女佩戴的珠宝首饰、拍卖会上的和田玉、欧泊石，都来自石头；还是中药中运用的石头：石膏、赭石、磁石，居然能治大病！十足神奇。

上面那个大纲提到教学策略。实地参观、专题研究、样品搜集、试验笔记、相关故事、嘉宾演讲、使用图简等都是很好的学习手段，并且在我的教学中我都尝试过，这些对孩子的理解，对学习兴趣的激发，确实有实在的效果。这不是让同学自行发挥，而是有老师真心的陪伴。前面谈到火与冰的对立，步入青春期的孩子，一方面自己内心和身体随着自己的成长有一定力量，但他们对如何使用这些力量有着困惑，不要以为他们是小大人了，事事可以自己做主。并且表面上他们把房间门关起来——好像把心的门关起来，或让成人离得远远的，其实这是假象。他们很需要身边的成人理解和支持他们，陪伴他们。需要更大的力量来推动他们，也需要更清晰，或者说更高的自我来给予指导，还需要情感的分享。研究冷的东西，更需要生命的热度。通过感受、观察的方式拉近距离，与他们生命相联系，是十分必要的。老师在教学中的陪伴和指引，肯定也是十分重要的。

我们再回到教学上来，岩石与矿物的教学，与众多学科，地理、物理、化学、语文、数学、商业、交通、安全、环保，甚至还有民俗等都有密切的关系。我这里用一个实地参观的例子来说明。

我们到四川会理参观一个铁矿和一个铜矿矿井。采矿是我们非常陌生的体验，我长这么大从来没有机会下到矿井里面去，这次参访也是我人生的第一次。去会理，从成都过去，翻山越岭——几乎一层一层全是山！我们在南方丝绸之路上，但事实上，并不好走。大家又看到山里面包含的各种矿石，山上的木材、瓜果、药材等，又是巨大的宝藏，也知道了什么叫"蜀道难"，什么叫"云贵高原"。看到巨大的采石矿区，看到开采过程，孩子们觉得得到一点铁是那么不容易。然后孩子们看到的和学到的是矿物的开采和提纯，大量的杠杆，重力，固、液态的转化等物理学知识，以及洗矿中加入化学制剂的化学原理。大家学习相关的诗歌，并记笔记。学习了0.25%的铜含量，需要多少才能得到一颗铜锭，甚至铜纽扣之类的数学计算；价格的制定和产品销售，为什么一般来讲铜比铁贵；为什么做成锭子，如何运输；采矿中的安全为什么那么重要；洗矿的污染和政府、人们应对的办法；矿上的人不让女生下到井里去的民俗……

最后我们用下到 150 米深的矿井的实地考察作为结束。小小的井沿、坚硬空荡的升降机、垂直下降、低氧的劳作、坚硬的洞穴、对安全的忧虑、孤单枯燥的劳作，这算是一个小小的成人礼。

矿井的参访我本来打算和以后的机械学、无机化学、环保等内容紧密交互起来，也想带他们到炼钢厂轧钢厂等地方参访学习，只是没有了机会，算个遗憾。

矿物的学习课时量可以是 3~4 周，包括参访。教学完毕，领会夫子谓"教学相长"之言。

主要参考书目

[1] [奥]查尔斯·科瓦奇. 天文与地理[M]. 王乃立，译. 台北：旺旺出版社，2012.

商业数学（六年级）

Business Maths

温馨 作

"华德福学校的数学学习由三阶段构成：第一阶段一至五年级，数学是作为与孩子的生命过程密切相关的活动来发展的，它也是由内到外的发展过程。第二阶段包括六至八年级，主要的关注点在实用上……九年级以上是朝向一个理性特征的转变。"全球第一所华德福学校，斯图加特自由华德福学校的第一位数学老师，冯·巴拉瓦利博士关于数学教学问题，在他的《数学教学和华德福学校计划》一书中这样写道：

"商业数学的教学是在六年级，显然处在实用性的节点上。处在实用性的节点上——是孩子的发展到了一个精神与身体发展的不平衡阶段——向现实世界倾斜，他们需要运用智力解决生活中的实际问题，关注道德问题；另一个是他们的抽象能力可以通过实际生活的例子来推动，可以从具象看到抽象规律。而施泰纳当然注意到这些孩童的特征，在《给教师的实践建议》的最后一个讲座（第十四个讲座）中，强调这个阶段的孩子需要把判断力与直觉的内容相联系，即对利率计算、利润、折扣的直觉，以及对计算、商品流通、产权所有权的智性判断，以及老师要教给孩子的道德和情感的东西的无形的作用力。施泰纳始终不忘道德的生活远比智性的生活重要。"

"老师，果然是您说的！我摸的黑棋子和白棋子的记录是您说的！10%。"

"我说的"是指六年级一天放学我布置数学作业时所说的，我们讲了百分数，也有简单的概率，请孩子们回家如果有围棋子的，拿9个黑棋或1个白棋子，或者9个白棋子和1个黑棋子，颜色没有关系，放入袋子中去摸100次，看看是不是黑白棋子各自占10%与90%。

并不是每个孩子都会去做这道既动手，还要有点耐性的练习题！当然，这个孩子恰好摸到10%与90%是幸运的。因为这只是可能事件，百分数这个时候提供的是一种可能性。（不信您也试试？）

而我们拿钱去存银行的时候就不一样了，实际上我们拿着钱到了银行，大家为班级的公款开了户，3 000元，半年期，利息年息3.58%。半年后能取出多少？

本金乘以利率乘以时间，即为

$$3\,000 \times 3.58\% \times 0.5 = 53.70 \text{（元）}$$

"对，只要银行不消失，我们就能得到53.70元。注意单位，元。"

"只要银行不消失。"一个孩子小声地说。

"是的，银行也会消失。"我说，"不过一般不会"。

教学中数量单位一定要让孩子们注意到，因为数学很多时候是一种理性的界定。不同的单位当然代表着不同的类和特质。

列式是重要的一项工作，把给定的事物关系转化成数量关系。这是理性的巨大功劳。老师一定要帮助孩子们清晰地表达出来。他们自己会问：

"如果存3万元呢？30万元呢？300万元呢？"

之后我发觉孩子们被"意外之财"搞得很兴奋，事实上尽管只有50多元钱，然后天生的欲望马上就暴露出来了！利息500多、5 000多、50 000多……贪婪确实是人性的特质，我估计成人也一样去幻想这种增长。

我且让他们的幻想飞一会儿！这个时候可以用 $I = P \times R \times T$ 表达出来，I 是利息，P 是本金，R 利率，T 是存期、时间。他们很容易理解这个数学公式所传达的含义，并能进行计算，带着极大的兴趣。

但是这一步需要小心。因为毕竟从比较抽象的数学关系再到抽象的字母关系式，是思维的飞跃。《国际大纲》上讲道："几乎没有哪一门学科像数学一样是与学术能力和智力相对等的。你要么'投降'，因为会遇到困难，这些困难通常都会导致放弃；要么就简单地成为'笨蛋'。"

这里如果孩子不能够太理解字母表示数的意义，不能较好地掌握这种较抽象的算式，也不要太着急，因为七年级讲"数与代数"的时候还要有更多的学习。在数学学习上，等待也是一种美德。但是，先让他们感知，却也是很重要的。知识，特别是数学知识，是螺旋上升的。

但是，这种抽象的能力应该逐渐被培养起来。人们说华德福学校让学生体验到数学的神奇，我觉得老师你自己就要饱有神奇之心，亦要有发现之术。一个P可以表示所有的本金、钱、一百元、一百亿元、一毛钱、九千八百九十九元……I 可以代表所有的利息，一万元存三年的，一百万存八年的、一毛钱存一百年的、九千八百九十九元存两年半的……字母代表所有，自由！

另外，让我感受很深的是，之前孩子们在数学学习中的感受很重要，而一旦进入这样抽象的公式，孩子们自己的主观观点和想法似乎不被需要！因为放进去因数就会产生有规律的结果！就像大家上面看到的本金的增加，利率不变，利息就按一定方式增加一样。在这里，数学将他们的注意力不仅吸引到数字化的东西上来，还吸引到他们自己的思考上。重要的是关系引出的数学规律的普遍性。正如《国际大纲》所说，"如果学生们能够熟练并安全地使用数学法则，他们就学习到了自信。如果实现了这一点，那么年轻人就会在朝向数学教学最重要的目标前进：在思考中去获取确信。"

"为什么会有利息？"

孩子们会发出这样的问题。我小时候也认为，我们把钱存到银行，应该付给银行保管费才是，怎么银行会倒给钱给储户？当然，大多数银行会给利息，事实上，世界上也有这样要收存储费的银行。有些国家必要时也会这么干。

结合三年级学过的钱币知识，我们进行了一个小活动，这种唤起在先的知识，是一个美好的过程。这个小活动的目的是让孩子们理解最简单的银行资金的流动——储蓄→贷款→还款→利差→利息。

大家铺设好摊位，货物被摆上来：彩笔、瓷器摆件、布、一些零食、几本书。我请大家分成不同的组来分配角色：做生意的（批发和零售）、开银行的、买东西的。做生意的批发商没有足够的钱进货，所以去找银行贷款。而他们买东西挣了的钱，一大笔放进银行，另一笔拿来消费。

经过好一阵折腾，大家总算弄明白，用贷款买东西，销售，还款，这个流程可以赚钱，也为存钱带来利息。

"这里面有人在劳动！钱其实不会自动生钱！"

我最满意，也等待良久的，就是这句话——孩子不经意间说出的这句话。

金钱的魔力亘古至今，施泰纳希望大家看到金钱与人的关系，在他的三元社会——政治权利（politics in rights）、经济互助（economics in brotherhood）、文化平等（culture in equality）中，他认为金钱所带来的是一种精神的流动关系，他强调的是分享，而不是人们下意识的做法——只是满足封闭的自私的占有欲。因为他认为，如果关于金钱的认识，人们在思想上只是认为它是一种单向的活动，并以自私封闭的方式拥有它，就会强力地联系起自我，而这只能导致变本加厉的自私心，以及无以复加的利己主义。这样的结果使人的道德沦丧，甚至走向自我灭亡。19世纪末与施泰纳同时代的人都看到这样的问题，也思考解决的办法。大家再熟悉不过的共产主义的创立者卡尔·马克思很形象地引用英国托·登宁的名言，来说明这个问题，"如果有10%的利润，它就保证到处被使用；有20%的利润，它就活跃起来；有50%的利润，它就铤而走险；为了100%的利润，它就敢践踏一切人间法律；有300%的利润，它就敢犯任何罪行，甚至冒绞首的危险"。马克思提出的做法也众所周知：剩余价值还给劳动者，实现社会主义、共产主义。

在谈到金钱的时候，华德福课程希望通过教师的引导，创造出分享、享受与信心的意识，而不是独占、厌倦和绝望。

关于六年级的数学学习，《国际大纲》有如下建议：
- 继续学习心算；
- 复习：自然数、正分数和小数的计算；
- 整体的方法带出关于正比例和反比例；
- 百分比；
- 百分比在商业中的应用：利息、折扣、汇率、利润和亏损、增值税，对单息公式如何使用的概括介绍；
- 模块统计表和象形统计表。

几何

- 三角形的三个内角之和的证明：裁剪和使用量角器；
- 运用计算方法证明三角形三个内角之和；
- 运用圆规准确地画角和等分角；
- 从描述中构建三角形；
- 全等三角形，全等的四个条件；
- 转化，三角形的运动特性和四边形，克朗变换，圆内接三角形（上色会强化它），泰雷兹定理（直径所对的圆周角是直角）；
- 三角形，圆形，叶形；
- 焦散曲线，心形包络曲线；
- 全等形状，画等角、余角、补角和其他角；
- 画三角形及其高，会画角平分线和边平分线。

  几何部分我就不多讲了，是另一个主课主题。但看得出，三角形的基础知识是一个重点。此时，老师已将基本的尺规作图带入。并且图形的动态变换也是一个重点。其实公立教材中，也有这方面的内容，包括作几何包络线。

  在教学中，心算以及整、小、分数的计算必须相当熟练，否则孩子们不熟悉基本运算，会有极大的受挫感。数学应当培养一些直觉，即很多人称作的 Mathematics Instinct。而这种直觉必须是大量练习才能够达到的，即把思考转化成意志和感受。国外很多学生普遍基础数学不好，这是我看到的事实，重要一点就是不能吃苦，练习不够。

  关于正反比例关系的学习，我喜欢用图表表示出来，让孩子们直观地看到正比例关系是一条直线，反比例关系是抛物线。学习到这里，孩子们常常会感到惊讶，怎么式子不同，图形就不一样？

  在这个内容学习中，我认为有三个要点。

  第一，数和图有这样的对应关系是很重要的，让他们多多少少产生一些印象，这为以后的学习打下基础。最简单直接的联系，就是九年级开始的直角坐标系和线性方程。打一点基础是很有必要的，不然，到时候有的同学很难理解直角坐标系中点与图形的意义。

第二，数学中的数字或图形某种意义上来说就是物体运动的结果，它是一个动态的过程，要逐渐让孩子们认识到，它不是"死的"，是"活的"，我们要描述的是"活的"东西，而不只是数字固定下来的"死的"东西！

第三，在变化中是有规律可寻的。我们的智慧可以努力寻找这样的规律，并描绘出来，它就能为我们服务，数学很有用，不神秘。

关于百分数的学习。百分数是一种分数占比关系，以分母为100来表达，是一种简化的表达，容易表述与比较，被广泛运用于生活中。关于百分数的学习，我根据自己的教学补充几点比较"干"的东西：

- 所占的份数（分数）；
- 占的百分数，百分数的意义和大小比较；
- 百分比相加；
- 百分比相减；
- 一个数的百分之几；
- 一个数的百分之几是多少，求这个数；
- 百分数与小数、分数的互化；
- 谁是谁的百分之几；
- 利率问题。

说"干"是指这些纯粹是一小点一小点的知识点，既不风和，也不日丽。但我觉得一步一步去掌握非常重要。孩子们会在一点一点的攻克中，学会逻辑，建立信心。百分数教学，不管在公立学校，还是在华德福学校，对这个年龄阶段的孩子都是比较抽象的事，孩子很容易被贴上"笨"的标签。我在公立学校、华德福都看到过这种情况；也在外国学校看到过这种情况。

下面是我上过的一节课大致的流程：

8：30—8：50　晨颂，中音竖笛连奏，《论语》诵读

8：50—9：00　晨跑

9：00—9：30　作业检查与解答，数学基本练习

9：30—10：10　主要内容：求一个数的百分之几是多少；已知一个数的百分之几是多少，求这个数

10：10—10：30　耍"钞票"，布置作业

我觉得这节课的亮点是"耍钞票"。我昨天布置的家庭作业是请他们回去"制作钞票"。果然，大家拿着各式各样的"钞票"来到教室。有个同学还说他爷爷说，"你们老师咋的啊，没名堂，怎么教小孩子做假钞！"我们大家听了直乐，哪有公开做假钞的！况且我们怎么有那样的水平！复习了一个数的百分之几是多少的意义后，我请孩子们拿出他们的"钞票"——数值卡。说一个数，请大家用自做的"钞票"凑出那个数，比如 200 元的 20%；350 元的 80%，也让同学之间互相观察，互相帮助，做出记录，并相互校正。大家乐此不疲。动是他们的学习特点，就像登载在华德福杂志里的那篇文章《数学和记忆》(*Mathematics and Memory*) 中说的。美国的麦肯德尔老师（Lori MacKinder）提到，孩子的数学记忆，一是肢体或运动记忆，二是节奏韵律记忆，三是图像记忆，都应该运用起来。之后我又说 30 元是一个人钱包里的 10% 的钱，这个人钱包一共有多少钱？让他们认识到这个互逆关系。但这节课只是引出来，下面的课还会深入地学习。

统计图表也可介绍给同学们，它们是最简洁的数学。没有什么比一目了然的图表所描述的关系得到的结果更简明有力了。这也是很好的数学实用性的体现。

"律学以议刑制，算学以穷九九。"（宋·周邦彦《汴都赋》）。"穷九九"——弄清楚九九乘法表，到六年级，算术学应该可以告一段落。我们探讨课程，常常会谈到年龄发展和学科精神，因为横纵坐标的两极，

可以撑起孩童学习的天地。那么，算学，或是进一步讲数学，有什么意义呢？

柏拉图在《理想国》中谈到，"算学是一切技术的思想的和科学的知识都要用到的。它是大家都必须努力学习的最重要东西之一，所以军人必须学会它，以便统帅他的军队。哲学家也应该学会它，因为他们必须脱离可变世界去把握真理，不是马马虎虎地学，是深入下去学，直到用自己的纯粹理性看到了数的本质……以便于将灵魂从变化的世界转向真理和实在。"

数学对人类的重要性柏拉图揭示得十分清楚，同时谈到真正的本质的学习——直到用自己的纯粹理性看到了数的本质。而这个"将灵魂从变化的世界转向真理与实在"，或许就是施泰纳称为的数学与精神世界最接近的东西。

主要参考书目

[1] [英] 隆·贾曼. 让孩子与数学的真实相遇[M]. 李心仪, 译. 台北: 台湾洪葉文化事业有限公司.

徐菡茗 画

乱世与盛世
—— 三国到唐的历史教学（七年级）

Three Kingdoms to Tang Dynasty

三国时代

国号	魏	蜀	吴
建立者和时间	曹丕公元220年	刘备建立元21年	孙权公元229年
都城	洛阳	成都	南京
建立年号	延康	章武	建元
亡国之君	陈留王（曹奂）	刘禅	孙皓
亡国时间	公元265年	公元263年	公元280年
存活年岁	46年	43年	58年
人口	400多万	100多万	200多万
故事	七步诗 击鼓骂曹 借刀杀人 夺嫡之争 曹冲称象	七擒孟获 六出祁山 五虎上将 空城计 安居平五路	刮目相看 泥土卖门 濡须之战 夷陵之战 羊祜与陆抗

闫睿 画

三川北虏乱如麻，四海南奔似永嘉。
但用东山谢安石，为君谈笑净胡沙。

——李白《永王东巡歌》

弃我去者，昨日之日不可留；
乱我心者，今日之日多烦忧。
长风万里送秋雁，对此可以酣高楼。
蓬莱文章建安骨，中间小谢又清发。
俱怀逸兴壮思飞，欲上青天览明月。
抽刀断水水更流，举杯销愁愁更愁。
人生在世不称意，明朝散发弄扁舟。

——李白《宣州谢朓楼饯别校书叔云》

上面两首诗是我讲此阶段历史时引用的李白的两首诗，来代表汉末到唐的那个时代中国历史的一点演进。说到"中国"，顺便说一下，国家地域形态意义上的"中国"出现在辛亥革命之后，以前"中国"是指首都、天子直接掌握的地区、中原、内地、华夏汉族之地或之国。

第一首内容是李白借"五胡乱华"后的东晋谢安的故事对永王的歌颂，也希望四海宴平。从汉末内侍宦官之争开始，北狄、西戎、东夷对汉人主导的华夏的冲击，一直到隋统一时方止。吕思勉所谓汉民族从此在民族关系中从主动变为被动。我借它表征400多年时间一幅乱麻麻的世道景象。第二首是用以表达上天入地、酣畅淋漓的大唐盛世气象。如李泽厚所言，李白诗歌肯定能够代表大唐这个气势恢宏、繁盛健力、群星璀璨的高峰时刻，也是龚自珍所谓"庄屈是实可并，并之为心，自白始"。

在华德福学校上我们的中国历史，肯定要比照西方的教学内容。这样做一是给我们思路和方法，二是以此比照本身，这在全球化的今天有十足的意义。前面五年级古代文明，六年级秦汉与罗马板块，我们谈到意识发展的课程。下面就有一个重大的话题：中国人的意识发展和西方的意识发展有什么相同与不同（有点像社会形态是否一定经过原始到共产几大阶段）？关于中国和西方的历史发展和意识发展，我反复思考这个问题。除施泰纳外，也通过历史名家和学术名士找寻答案，包括汤因比、吕思勉、李泽厚、许倬云、顾准、汤一介等。虽然他们给我很好的启发，但很遗憾没有一个令我满意的说法。通过我的研读、思考、教学，我现在冒昧地认为，三国以前，是大同，小不同。秦和罗马帝国之后，是大不同，小同。

这里试图界定几个东西。根据我的理解，意识发展，施泰纳（更可以追溯到黑格尔）是指物质与精神作用到人，在历史历时性的发展过程中，人类整体意识与天、地、宇宙的关系，个体意识与世界、自我的关系。总体上是从天到地，从自我与物一体到自我清晰作为（当然也可不作为）。西方，是指印度、美索不达米亚、波斯、埃及以及两希（希伯来和希腊）、罗马，以及之后的欧洲的整个文明发展。为什么东方的中国可以去对应或试图对应，这样的发展是因为 4 千年的华夏文明一直存在，还在绵延不绝，并且，有其自身的种种阶段特征。中国文化与历史形态的演化，是活生生，易经之生生不息的范本。

大同小不同指什么：假设文化精神有一个从神界到人间的下降过程，那么从血缘氏族、邦国到帝国，群体意识有一个发展过程。人的精神会从与物质的内在与外在关系中寻找平衡。从历史来看，虽然希腊的海洋文明和东方的内陆文明有不同的特质，如约瑟夫·坎贝尔从宗教谈公元 2000 年前亚述宗教对个体性的渊源，顾准从经济、政治谈古希腊与中国的不同，但其实从历史的长河来看，却是很大的相同：人神分离，"道术为天下裂"（《庄子·天下》）。思想的丰富性，人与世界、与他人关系的聚焦，雅斯贝尔斯所谓轴心时代（Axial Age），是大的相同。按施泰纳的说法，理智心发展到一个高峰；诸子百家与希腊各派出现，说客与雄辩士同时存在。而语言的高速发展，有大的相似性。一如个体成长，童年阶段的孩子不管东方西方具有极大的相似性，人类的童年亦然，然后到青春期，然后到帝国，如秦帝国和罗马帝国。

这之后的发展我认为欧洲和中国是大不同，小相同。从西方来看，中世纪的精神取向、文艺复兴、工业革命的兴盛，中国没有经历过，"大不同"之最大，是西方个体意识的觉醒过程。但对中国来说，更多是不倒翁似的"超稳定结构"（金观涛）的帝国及帝统文化，个体性从未真正彰显。我们谈更多的是所谓"天下事分久必合、合久必分"。宗教从没有胜过世俗权力；个人从未真正高扬和站立；世界即帝国，帝国即世界。"溥天之下，莫非王土；率土之滨，莫非王臣。"(《诗经·小雅·北山》)。小的相同是——其实也不小：外族征服性入侵——蛮族入侵与五胡乱华；宗教的兴盛——中世纪与魏晋隋唐；人的觉醒——文艺复兴与魏晋风度；发现世界——大航海与郑和下西洋；以及非原始意义的"封建"和"封建主义"的相同等。

《国际大纲》中，谈到七年级这个年龄阶段历史教学的基础，"儿童需要凭借自己的判断能力建立通往世界的桥梁。他们同教师的权威关系减弱了，所以教学模式必须改变，从而促使他们能通过自己的理解去接受历史课提供的材料"。

我选择这些方面来切入："乱""雄""信""气质""一统""盛大""交通"。

"乱"，我们从戚宦之争，董卓西凉兵进洛阳讲起。

"帝国皇权时代，皇帝的权力很大。跟他有密切关系的几种人也可能权力大——亲戚、大臣、宦官。他使用这几种人，帮助他维护统治。现在外戚和宦官相争，董卓这个驻外的大将，就有了机会，带外族兵进入。"我给孩子们讲这些试图归纳出一些皇权背后起作用的东西。

怎样"乱如麻"？王粲的《七哀诗》更生动具体描写了乱象：京城混乱不堪，豺狼作乱，抛弃中国（指中原），逃向蛮荒之地。大家悲苦而逃，出门见白骨遮蔽平原。路上饥饿的妇人把自己孩子丢弃草间，听到孩子哭泣，也只有流泪离开，自己都不知生死，又有什么办法！惨不忍睹、悲不胜听。

"乱"，还有淝水之战。东晋十六国和南北朝时代是一个汉民族退败，少数民族向南驱进并融合的时代。而淝水之战是一个重要内容。里面除了"五胡乱华"的故事，还有故事里留下的成语，如"投鞭断河""风声鹤唳""草木皆兵"等。

为了体现"乱"，我和孩子们一起制作了东晋与南北朝、十六国的表格，让孩子们感受到分裂的乱象。罗列出来二十多个朝代，孩子们印象深刻，我们探讨冲突与融合。

"雄"，"乱世出英雄"。曹操就是乱世英雄，当然还有刘备刘玄德。

"天下英雄，唯使君与曹尔！"除了像官渡之战、三顾茅庐、赤壁之战等故事本身，不同的气质也是可以比较的，就如同六年级比较项羽与刘邦。千万不能简单地给人物画像，像三国演义做的那样。可以以吕思勉《秦汉史》和常璩《三国志》为线索，努力进入人物中去。曹操雄才大略、不计较，任能人为我所用，以及视刘汉为正统；刘备的愈败愈战，亲民，任用人才，情感大于理智；诸葛孔明的智慧，鞠躬尽瘁。《三国演义》里的吕布、关羽、张飞、赵云等英雄人物，当然也可以向孩子们作一些介绍和交流。可以给每一个孩子分配一个人物角色，让他们去讲故事，也可以画火花画，演出皮影，参观武侯祠。

　　"信"，外在的乱和无常世事带来内心的依托向往。外在征服也并不能解决内心的诉求。所以宗教繁盛起来。我们介绍了道教、佛教，特别是佛教的兴起。三大宗教佛教、基督教、伊斯兰教与道教的比较性学习，可以放到西方历史教学之后。

　　佛教东来兴盛是文化大事件。老师向孩子们介绍佛教的起源简介、释迦牟尼的故事、明帝梦金人，鸠摩罗什的故事。

　　"气质"这个中心主题内容主要依据《世说新语》。《世说新语》是南朝刘义庆等人编的，是记录魏晋名士的逸闻轶事和玄言清谈的故事集，也是中国"笔记小说"的代表作。其中关于魏晋名士的种种清谈、品题、栖逸、任诞、简傲，种种人生的追求及嗜好，都有生动的描写。这实际上是从群体团体特征，转向个性特征，是中华文化史上很重要的节点，是个体的觉醒，是"文的自觉"（鲁迅语）的自我之彰显的精神气质。只可惜这样的彰显对于群体性的社会倾向来说，太格格不入而没发育起来。

　　针对这个阶段的孩子，这里有两个故事值得提出，一个《魏武捉刀》。匈奴使者来访，曹操怕外邦说自己丑，让一个英俊的臣下顶替自己，自己提刀站在一旁。匈奴使者走了，赶快派人去追问。使者告曰：魏王雅望非常；然床头捉刀人，此乃英雄也。听完报告，曹操赶快又派人，这次去是杀掉使者。不然，这番做作，岂不贻笑外邦！好一个曹操，被描写得活灵活现。

　　另一个故事是《看杀卫玠》。

　　观众朋友们大家好，今天是晋代八十八年十二月七日。欢迎大家收看今天的《娱乐无极限》。本台综合报道：风流才子卫玠突然死亡，波斯遭到恐怖袭击，阿拉伯王妃自杀，罗马近日宣布非法入境者一律斩杀。

下面是本台详细报道：如果说张国荣的死惊动了全中国，MJ 的死惊动了全世界，那么卫玠的死一定能惊动到天堂地狱。昨日凌晨四点，深受巨量妇女爱戴，也受少年们追慕的当代风流不二才子卫玠突然暴尸街头。当时，卫玠因私事刚刚从自家后院走出，一名守候已久的"芥末"孟浪走出，大喊一声"卫玠！！"其余"芥末们"如泉涌奔出，个个都用硕大的眼睛像探照灯一样注视着卫玠——他们仰慕万代的巨星。导致一代才子巨星卫玠突然倒地，抢救无效，撒手人寰。

据卫玠经纪人透露，卫玠一直患有羸疾，最近又因太多演出而感身体不适，至于卫玠为什么要在凌晨四点钟的时候从自家后院走出，又没有带保镖，经纪人不愿透露。现在卫玠的家人正沉于悲痛状态下。事情的详情还在进一步调查之中。

卫玠近日刚推出的新碟《我是帅哥》，其中的主打曲有道："帅哥很累，也很无奈。"嗯，也许是这样的，让我们一起为他说一句：（跳出四个大字）卫玠走好！！

这是一个学生根据美男子被围观者活活"看死"的故事改编的报道。煞是切题而又风趣！

关于"一统""盛大""交通"，下面的教学总结有提及。

"所以，具体内容来说，我选择乱世生民、佛教传入与道教兴盛、魏晋人物、盛唐气象等内容，以及伊斯兰教及穆罕默德、中世纪的三种人、达·芬奇与文艺复兴的星空等内容，上一个板块做到魏晋南北朝，本板块是从运河与漕运开始，谈到隋朝科举、李世民、玄奘、李白与杜甫、怛罗斯之战，以及伊斯兰教及穆罕默德、中世纪的三种人、达·芬奇与文艺复兴。

如果说帝国是从秦到清为止的古代治理模式，道路系统和漕运就是联系这张巨大网络的血管。运河的开凿是打通这个网络重要的方式。它深刻影响到人们的生活和帝国的生活，无论是经济、军事还是交通。隋朝科举是对管理国家人才选拔的方式，它是除去天生血缘、权贵关系、军功进爵之外很重要的方式，也为帝国的延续提供了强有力的保障。盛唐之音的重要代表是李世民、玄奘、李杜。此时，内与外、疆域体量与文化达到最大的平衡。李世民的军功与政治，玄奘的意志与智慧，以及"脊梁"——李白——的诗文的璀璨，杜甫诗文的沉郁，都是值得作为典型学习。怛罗斯之战是唐向外与阿拉伯人的一次强硬对话，据称也是为西方输送印刷术等东方技术的一场战役，它把华夏与阿拉伯世界，与西方联系起来。伊斯兰教对世界的影响今天还存在着。中世纪的三种人——祈祷的人（教士）、战斗的人（骑士）、劳作的人（农夫），是中世纪文明的简略概观。文艺复兴的达·芬奇无疑是最具代表性的，个人的科学能力、艺术能力、个性，都呈现出鲜明特色。

西方部分会有其他板块陈述。上课时是既有中国板块的学习内容，也有西方板块的学习内容。这里聚焦在中华。

大一统是中国从秦开始到现代的主旋律，让孩子们直观明白什么是大一统，以及大一统代表什么，表征是什么是非常必要的，且不评判优劣。

"书同文、车同轨"是大一统，"郡县制度"是大一统。当打开网状的漕运系统，像血管一样布满神州之上，我想孩子们会多少明白大一统的含义。而唐德宗时，长安已经缺粮10天，当江南粮船的消息传来，德宗竟感动地对太子高呼："米已至陕，吾父子得生矣。"的故事，也能生动体现运河血脉的重要，大一统工程的重要性。

帝国的疆域、帝国的管理、帝国的交通、帝国的经济交流、帝国的文化传播与控制都可以从运河与科举来看。动辄褒贬得咎，帝国两千年，我们对它客观地研究了多少？

玄奘的事迹是把"信""一统""盛大"与"交通"结合起的故事。

他对佛教的执着（取经），经历一统（高昌国鞠文泰的故事），时值盛唐（与李世民的故事），交通中西（《大唐西域记》），孩子们可以通过这样的内容整体学习。

我教的几个班级选择的重点学习的是《慈恩寺三藏法师传》中他的身世和到高昌国的文段节选。

"于是旋辔专念观音西北而进。是时四顾茫然人鸟俱绝。夜则妖魑举火烂若繁星。昼则惊风拥沙散如时雨。虽遇如是心无所惧。"每次跟孩子们读到此处，我的眼睛都是湿润的，内心澎湃，什么叫做追索理想，什么叫做舍身求法，什么叫做担当苦难而无所畏惧！我们不把这些精神传递给我们的孩子,我不知道还应该传递什么给他们!

《大唐西域记》中讲到屈支国(龟兹)的风土人情,孩子们也可学习。屈支国刚生出来的孩子要被木头压扁头的风俗,至今还是个谜。

真的要来体现唐的盛大还挺不容易,李杜的诗歌、李世民的文治武功、唐代人才辈出、佛道教的兴盛、城市的壮大和功能齐全,等等,都可以作为切入点。教学要落到细节,我选取唐骑兵与唐刀,并请舞蹈学院中国古典舞的老师教"胡腾舞"和"胡旋舞"——西域唐风,男为"胡腾"女为"胡旋",画就用诸如"簪花侍女图"来表现盛唐。

教学如何呈现立体的特性?语言、音乐,用在时间性的教学上很好;绘画、色彩,用在空间性的教学上不错;而当胡旋舞转动起来时,音乐、肢体、律动,一下就把唐风立体地呈现在大家面前。孩子们那个兴奋劲儿和投入的程度,也一下子打开我对"立体教学"的理解。教学有点、线、面、体。我希望我的文章和教学大多也能呈现点、线、面、体。

"李白,不得了,了不得,你们知道为什么吗?"我问。

"诗写得好。"

"床前明月光,疑似……"

"当然,但是你们想想,他的朋友圈诗人是杜甫、孟浩然、贺知章、高适,书法家族的是李阳冰,国际友人是阿倍仲麻吕,粉丝是唐玄宗皇帝、杨贵妃。敌人是权臣太监高力士,情敌是王维……"

"李白是什么?"

"诗仙嘛。"

"对,除此之外还是什么仙?"

"不知道了吧?酒仙、剑仙、道仙!"

我一大讲李白,一天讲杜甫,一天对照身世。

李杜的壮丽与沉郁,浪漫与现实,拓宽精神的空间;杜甫的"快诗",李白的痛苦遭遇,让孩子看到人性及思想的丰富。

怛罗斯之战陈舜臣在《西域余闻》里讲得比较详细。孩子们可以阅读。而锋利的唐刀与锐利阿拉伯乌兹钢刀的怛罗斯对抗,让孩子体验到力量与血性,也为印刷术传入欧洲、与欧洲文化交流埋下伏笔。

现在简单谈一下教学方法。教学除了故事的聆听与撰写,地图的描绘、实物临摹、时间表的制作外,有几个东西我觉得有必要谈到。

第一，上课的过程中，考虑孩子们究竟对什么感兴趣。有一节课，我让孩子们说出他们想学习的内容，他们从成吉思汗到"五四""文革"，从越南史到太阳花。我告诉他们什么时候学什么。虽然只是一些术语交流，但挺开阔思维的，孩子们也很感兴趣。

第二，发动每一个孩子去研究。历史事件与人物不少，老师能讲到的有限，假期我布置每一个同学选一个这个阶段的人物或事件进行研究，效果也不错。

第三，孩子到七年级以上，完全可以请他们写一个板块结束之后的总结。我们能从里面看到孩子的需求。比如一个班级孩子就说武则天那么重要，我好想听喔。这也给我以启发和调整。总之"温故而知新"对孩子是最好的学习。

"我痛恨一切只是教训我却不能丰富或直接加快我行动的事物。"歌德的这句话，一直是我用来看人类经验与历史的某种座右铭类的东西。尼采在《历史的用途与滥用》中接着这话说，"我们为了生活和行动而需要它，而不是将它作为逃避生活和行动的一条便宜之计，或是为一种自私的生活和一种怯懦或卑鄙的行动开脱。"

中国历史教学是一个巨大的课题。唯有在其中奋力体察，跳出来纵览旁证；尊重历史，彰显人文，灌注精神，方可有所得益。

主要参考书目

[1] 吕思勉. 两晋南北朝史[M]. 上海：上海古籍出版社，2005.

[2] [南宋]刘义庆. 世说新语[M]. 张撝之，译注. 上海：上海古籍出版社，2012.

[3] 中国国家博物馆编. 文物隋唐史[M]. 北京：中华书局，2009.

[4] 中国国家博物馆编. 文物三国两晋南北朝史[M]. 北京：中华书局，2009.

[5] 章学诚. 文史通义[M]. 吕思勉，评，李永圻，张耕华，导读，整理. 上海：上海世界出版集团，2008.

营养与健康（七年级）
Nutrition and Health

徐菡若 画

目录

① 健康　② 健康之本
③ 扁鹊观察树
④ 生命是什么
⑤ 生命的诞[生]
⑥ 主动脉
⑦ The Birth [of] human be[ing]
⑧ 友谊·关[系]
⑨ 如果生命[再来]
⑩ 土著 Jalalas st[ory]
⑪ 中医
⑫ 皮肤
⑬ 保暖·睡眠
⑭ 超越自我
⑮ 宇宙的呼吸
⑯ 潜意识
⑰ 中医(2)
⑱ 呼吸
⑲ 新陈代谢·消化
⑳ 食物的旅行
㉑ 能量　㉒ 在黑暗中聆听你的心跳　㉓ 人生大禁忌
㉔

徐菡若　画

> "植物们动物们相互取悦
> 上演着老师不曾教的一课。"

这是节选自我自己诗歌里的两句。当我谈到青春期和青春期教育的时候，总会想到它。在中国，青春期及性教育、爱情、两性、避孕，这些在很多学校都是"老师不曾教的一课"，讳而莫谈，或是隐晦而谈的。但是，这些又是孩子们青春期实实在在身体、心灵、精神中日复一日上演着或指向着的东西。

孔老夫子所谓，"食色性也"。除了青春期的生理特质，食品与营养对这个阶段孩子的认知也是很重要的。吃是每个人每天都面临的事情。特别是在现代社会，安全、适宜、营养的食品以及身体的健康都是社会和个人所关注的。

施泰纳在"给教师的实践建议"这个系列演讲的最后一个演讲中，几乎用了大半时间在谈营养与健康这个主题。他说了两个比较重要的观点。第一，"他们仍然保持着某些健康的本能"……"之后，你们就再也无法找到对适当的营养和保健的内在感觉"；第二，"这个阶段可以给孩子们讲授营养与健康，使他们在今后整个人生中不至于过分以自我为中心"。

这是什么意思？

进入青春期的孩子一方面逻辑认知开始加强，他们的判断力开始起作用；另一方面，也保持着本能上的一些东西，感受力也在延续着孩童前期的工作。所以，他们能够感受到什么是对他们"好的"，包括食品、自然环境中的元素，这基于一种本能。就像我们感冒了不吃油腻一样，老人这么说，自己也不想吃。但是，我们又觉得老年人所说并不一定是这样，也想知道背后的一些关系。油腻与生病感冒有什么关系？哪些东西吃了比较好？有个怀疑在里面。这个认知与本能的矛盾常常体现出来，认知对本能的东西有抑制作用，但是本能已经不可避免地露出曙光。

生理、食品和人，和自己的关系也是这个阶段的重点之一。生理行为实际上更多的是一种关注个人的行为。狗进食的时候是最有攻击性的时候。而对于人来说，性更是私密的行为。当然，网络时代的暴露癖另当别论。孩子刚刚步入这样一个阶段，如果完全关心、沉迷于自己的一种感受和满足，就为以后的自我主义打下基础。人是这样奇怪的东西，一方面需要自己的个体性，另一方面又需要群体性和社会性。在教育过程之中，老师要让孩子唤起对环境和他人的意识；另一方面，也要让他们认识到又要保有个人的需求和正常诉求。比如垃圾分类，让孩子看到无意识处理垃圾的后果；如废电池的随意处理造成的大量环境污染。唤起意识、勇于面对、讲求方法、从我做起、怀着正向态度，是理解性教育问题、食品问题、环境问题的总体思路。

结合自己和一些老师的教学实践，以及澳洲华德福"发现之旅"(*the Path of Discovery*) 课程，具体展开可以是这样的：健康与生命——人是万物之灵长——人从何处来——生生不息（生殖系统）——呼吸生命（呼吸系统）——生命的红色循环（循环系统）——让那里有光（感觉神经系统）——大自然恩赐我们的食物（消化系统，食物营养与健康）——当心赛壬的诱惑（各种成瘾症）。

在实际教学中，可以从中文的"健""康""疾""病"这四个字讲起。

汉字中"健"是指人有力。它的意思是持续架起木头。篆书中"聿"为手立木。"廴"，建字底（读 yin），意为延续。形旁为"人"。"康"为明达，"五达谓之康，六达谓之庄。"（《尔雅》）中医认为"健"为外形的身强体壮，"康"为内质的滋润通达。（参《象形字典》网）《尔雅》与《字汇》称康为"乐也""和也"。这是完全的内在和谐。

"疾""病"两字更有意思。"疒"表示是床，甲骨文没有床，是箭矢射向人，金文加了床，人没了，一直沿用至今。"病"字加"床"开始于小篆，有床，丙为"把握"的意思。（甲骨文一物插入空中）。外伤是疾，内恙为病。

汉字用了三四千年，有很多华夏智慧。有个叫徐文兵的医生，写了一本《字里藏医》，就通过文字揭示了很多华夏智慧。

由此再带孩子们进入健康的整体观。有好几个老师都讲到了中国古书《黄帝内经》的片段，比如春夏秋冬四个季节的篇章，学习人和宇宙天地万物的变化，探讨我们应该怎么吃，怎么行动才顺应天地规律让身体健康。

中国从来都是认为"天人合一"的，这是人天的对应关系。顺便说一句，2014年去世的哲学研究者汤一介先生提到的"天人合一""知行合一""情景合一"，为中国文化真、善、美的概括，余以为然。翻开中国古代文化著作，《管子》《淮南子》《吕氏春秋》等，都强调天地与人的对应关系，就如施泰纳人智学所探讨的一个重要部分。而这种意识必是对世界文化的贡献。说回课程来，"春生、夏长、秋收、冬藏"，《黄帝内经》所强调的四季节律，《黄帝内经金匮真言》里关于五行的说法都可以介绍给孩子们。而中医中五行，水、木、火、金、土，肾、肝、心、肺、脾，甚至对应的眼、舌、唇、鼻、耳，都可以讲给到孩子听。这里有气流、有穴位，更是一种人和大自然同构的基本要素。

我们谈到健康的时候，我请他们迅速写下自己马上想到的三个词。孩子们写出的有运动、早起、作业、学习、莫斯利安（奶产品名）、有机食品、垃圾食品、长寿、得瑟、早睡早起、美味、家和、好心态、美国、不转基因、穴位、神采奕奕、打球、平衡等。看得出来华德福家庭对他们的影响。我让他们归类，哪些是褒义，哪些是贬义，哪些是中性。然后让他们辩论。我很感兴趣那个"莫斯利安"和"美国"，他们为什么有关联，健康还是不健康？关于"莫斯利安"孩子们一顿争吵，从奶粉到奶牛到自己的弟弟妹妹。"美国"，因为好莱坞电影搞笑！笑了心情就舒畅了，于是就健康了，我只能说他们太会联系了！

扁鹊见蔡桓公的故事是一个很好的有关身体和健康板块的引入故事。

扁鹊见蔡桓公，对他说："君王有疾患，在皮肤下，不治疗将往深处发展。"桓侯说自己没病。扁鹊出去后，桓侯说医生就爱没病说有病，去医治贪功。十天后扁鹊又见到，说："君王的疾患在肌肤，不治会加重。"桓侯没理睬。十日后，扁鹊又见，说："君王的疾患在肠胃，不治会加重。"桓侯也不理睬又不应。十天后，扁鹊望见桓侯掉头就跑。桓侯让人问缘故。扁鹊说："疾患在皮肤下，热敷可以；在肌肤里，针刺可以；在肠胃，汤药可以；在骨髓，属阎王爷所管了！"五天后，桓侯身体痛找扁鹊，扁鹊已逃到秦地。桓侯一命呜呼。

这个故事启发孩子们去关注身体的构成和身体健康的层面，也介绍中医治疗的方式。

接下来老师们带领孩子们探讨的是人从何处来，这既是哲学问题，又是生理问题。

"天生百物人为贵。"（楚墓帛书）
人类是多么美妙的杰作，
拥有着崇高的理智，
无限的能力与优美可钦的仪表。
其举止就如天使，灵性可媲神仙。
它是天之骄子，万物之灵长。
——莎士比亚《哈雷姆特》

这两段话应该是这个板块开篇的座右铭。

"我们邀请了森林学校一位两个月宝宝的母亲和小宝宝。我们跟宝宝和妈妈坐在一个圆圈里，刚开始女生对孩子都很感兴趣，都想去抱孩子，男生也不无聊，开始问很多问题。宝宝在人群中，有些紧张，开始哭起来，母亲在安慰宝宝，孩子们都想过去帮助一下。孩子们接触到了幼小的孩子，每个人眼中，都充满了浓浓的爱，整个房间，都沉浸在爱中。他们观察孩子的动作，他们感受一个小小的生命给每个人带来的欢乐。"

这是本校果敏老师课程总结中的一段话，由爱开始，到对自己身体的认知与敬畏，去认识自然轮回的伟大。

但是如何学习生殖器官是对老师的考验！

我讲的时候是与校医一起，把男女生分开。会从男女的结晶——婴儿谈起，孩子们提出一些问题，给予一些解答。更有意思的做法是澳洲老师建议的，通过做泥塑，探索了人身上的结构，比如头部的囟门，口腔后面鼻腔和耳朵链接的咽鼓管，心脏和肺相链接的大静脉和大动脉，再往下是子宫和输卵管还有卵巢，在男生的身上则是睾丸和输精管以及精囊。而这四个地方，也代表了思考、语言、感受和意志，同样也是光、气、水和土的四种元素在身体里的工作。上面，意识是自由的，越是往下，就会慢慢失去这样的自由，变成身体的欲望，不受控制的部分。不过因为我们是人，我们有思想，我们可以控制自己的欲望，虽然很难。后来一些老师这样讲，男女生在一起上课，效果很不错，尽管有时难免尴尬。

最近有个国内研究资料显示，一个大省大学生患艾滋的比例近两年是翻番地增长。我相信其真实性，我是从心理学这个角度去看。《聊斋志异》中为什么书生总是碰到狐狸精？因为智力和情感，甚至意志、愿望本能是矛盾的，智力与思考压抑情感，智力要求的是向后、逻辑、"死亡的东西"，而意志、愿望是向前的，自由发挥。情感要求的是非逻辑、现在。各种训练，做题训练、生活作息训练，照本宣科、缺乏艺术体验与人文交流，都会导向压抑、陌生化、更自我，准确说更自私。但心灵的自然禀赋在那里，一旦有条件，就要寻求刺激、寻求温暖、寻求过量的东西去弥补，直至扭曲变态，也认为是正常了。

性，其实说破也没什么。"说破的鬼不害人。"性也绝不是洪水猛兽！必要的了解与知识，带着美好，知道后果。大不了就是这几招。既不要搞得太高尚、太神秘，也不要完全物质化、器官化。

呼吸生命。呼吸是人唯一与外在世界直接交换的方式。施泰纳说宇宙最大的秘密就是呼吸！"一阴一阳之为道"（《易传》），大地变化，地理天文，五年级的植物学习、七年级天文的学习都可以结合进来。事实上，这些也可以和这整个板块结合。

开始这个主题之前，我问孩子们，我们要活下去最离不开什么。孩子们各种回答：食物、水、父母、当然有说离不开钱的！好一个守财奴！我于是端上一盆温水，让孩子们轮番"表演""浅水淹死人"——闭气是不好玩的。孩子们发觉，其实呼吸才是最需要的。然后我让孩子们在教室里坐着，同学之间互相记录呼吸和心跳，之后去操场上急速跑三圈进来再测，以此深化呼吸与健康的关系，同时看到与循环系统的关系。整个呼吸系统需要介绍给孩子们，如鼻、口、各窍与皮肤，气管、肺、肺泡和一点毛细血管，可以用漂亮的插图。

结合中国越发恐怖的雾霾，包括有时候的成都，我们可以探讨空气问题，也教他们一些自身防范措施。高中可以有更专题的探讨，寻找一些解决之道。

关于生命的红色循环，我是从去医院查血谈起，也讲了一位老师去献血晕过去的事情。

循环系统的要点是血液及血液循环的重要性。孩子们可以感受、观察动脉、静脉、脉搏。介绍一点心、肺知识。让孩子看到呼吸和血液循环是如何紧密联系在一起的。可以从中文"心"系列字，如思、想、意、性、爱、愚、聪等字去看心的作用。体会一下孟子谓"心之官则思"的含义。这远远不是一个感受、情感可总结的。教学时，可以一个同学分配一个字去研究一下。

感觉神经系统是静静地去接受，或排斥外在给我们的东西。我是让孩子通过描述日常生活中的视觉、听觉、嗅觉、触觉、味觉五官作用来进行教学的，然后用了一个《五官争功》的相声来说明各自的作用。人智学讲的感觉神经系统是受佛教启发而来的十二感觉（运动感、平衡感、温暖感、生命感、言语感、思考感、自我感等）。前五种感官的作用可以深入讨论，可以从电子媒体、合成剂食品、光污染、只要口感的垃圾食品等方面去提醒孩子要关注自身健康，也要关注他人。

然后到大自然恩赐我们的食物。食物营养与健康，介绍消化系统。两样活动孩子们印象深刻。我找来搅拌机，所有孩子们认为能吃的统统丢进去，他们一下明白牙齿和胃的功能，也明白真的是丢进去就出不来，吃红染红、吃黑变黑。看你考虑不考虑食品的品质和后果！

另一个是孩子们扮成消化系统不同的器官，摆成一列，牙齿、食管、胃、小肠、大肠、唾液、肝胰液、肛门。让同学成为食物，给他不同色彩的布，到不同的部位披上，表示不同的状况。然后从肛门拉出去！

"臭啊！粑粑！"

大家都开心地笑。

赛壬的诱惑。赛壬是五年级讲奥德修斯里面那个诱惑的海妖。以前提到的不良习惯有吃、喝、嫖、赌、抽。现代"五毒"我说是吃、喝、抽、网、购。喝指酗酒，也指咖啡成瘾。咖啡有的家长不重视。因为富有咖啡因，会加速心跳，带给心脏不必要的负担，引起身体兴奋，又会使人非常疲劳。对发育中的孩子是种非常大的伤害。糖类表面甜蜜，实际上过量摄取会引起身体内堆积，引发疾病，对身体并不好。

成瘾性药物，比比皆是。轻者止咳药水，重者摇头丸、k粉。我教的第二个班级，请他们去戒毒所参观，一下他们就明白什么是毒品，千万碰不得！

购是消费主义的通病，妇女同志中毒最深。这个一半是戏谑，一半确实可以指导孩子，如何买自己需要的东西。养成良好的购物习惯，不要被占有欲主导。

最后谈谈网络与游戏。

不管我在国内，还是去美国、欧洲，当今全世界的父母，都与一样东西奋力作战，那就是网络，无处不在的网络游戏、手机终端游戏。以前是电视、游戏机，现在早已被网络和移动终端游戏所取代。网络是指孩子大量时间花在了虚拟空间里，跟真实生活脱离。而网络游戏、移动终端游戏成瘾也是全球普遍的问题。对未成年人的祸害不用说了。消磨孩子的意志，浪费孩子的青春，损害孩子的身体。短期来看，最有效的对抗网络的方法是禁网，再加以恰当引导。长期则是唤起孩子的认识，培养人生兴趣。华德福学校对电子产品和网络的警惕是从孩子的身心出发考虑的。

主要参考书目

[1] 黄帝内经[M]. 姚春鹏，译注. 北京：中华书局，2010.
[2] 奥托·沃尔夫. 嗜甜成瘾[M]. 王新艳，译，许姿妙，审订. 人智出版社有限公司，2014.
[3] 鲁道夫·史代纳. 人为什么会生病[M]. 李佩玲，译. 台北：小树文化有限公司，2015.
[4] 徐文兵. 字里藏医[M]. 合肥：安徽教育出版社，2007.

李 麦 画

丝绸之路游学（七年级）
Silk Road and Study Tour

蓝婉菲 画

> 走向世界，就是走向你自己。
>
> ——题记

"您希望出生在哪个国家？"

"公元一世纪佛教已传入时的新疆。"

——阿诺尔德·汤因比与池田大作的谈话

　　游学是古今中外都有的一种学习方式。欧洲学校甚至专门有一年 Gap Year——间隔年，在孩子高中毕业后去社会实践，再回到大学学习。古人云，"读万卷书，行万里路。" 就是说一方面是知识对人内在的建构，另一方面是外在实践体察对人内在的建构。游学的过程既是思考的，也是意志的，更是感受的，这是一个极好的整体的学习方式，并且也是极为真实的学习。

　　地理是空间学习的重要内容，历史是时间学习的重要内容。而学习地理，是没有比直观地看到不同地区、国家的山川、河流、平原、沙漠等的特征，感受到不同的风土人情和物产、社会文化现实更好的教学教育方式。而历史的学习，没有比到博物馆或历史遗迹的参观访问，对文物的观摩临写，历史故事或真实场景引发的山河变迁、风云际会、岁月如流更能还原历史，聆听悸动了。空间与时间、地理与历史在孩童9岁三年级以前意识中是混在一起的，而9岁之后，空间与时间、地理与历史，逐渐分开，孩子通过地理，在空间中找寻、定位自己的位置，把自己的灵性生命更好地与苍茫世界结合起来，通过历史，孩子在时间中发现自己的存在。

　　本文开题引英国著名历史学家汤因比与日本创介学会会长、学者池田大作的对话，是想说新疆及丝绸之路的重要性。事实上，中国国家战略也提出"一带一路"的说法，即南方海上丝绸之路带与北方陆上丝绸之路，并倡导设立了四十多个国家参与的亚洲投资开发银行（亚投行）。国际社会也看到其经济、政治、文化的重要性并参与其中。这样一条丝绸之路（这个说法19世纪70年代由德国学者李希霍芬提出），可以很好地串联起西方文化与东方文化，包括希腊罗马文化、基督教文化、阿拉伯文化、印度文化、中华文化等，也结合了空间与时间，从空间上来说，从西安出发，到新疆，甚至走出国门，几千上万公里，大地的变化足以引起孩子们的深刻感受与内在好奇；从时间上来讲，从上古到现代，古代社会的流变，中西交流的嬗变的大量鲜活例子足以让孩子体味文化之特征，世事之沧桑。而颇有健力雄才的秦皇汉武、"凿空"的张骞、文化交流典范的鸠摩罗什、法显、玄奘，传奇的马可波罗，直至晚清的林则徐、左宗棠，这些真实鲜明的人物故事也足以激荡起孩子们内在的向往与思考。

中西文化的比照是另一个大的话题。有什么样一个线索把中西文化有机地联系起来，不是单纯的片面的时间上的比照。否则那样做，容易脱离当时两厢真实具体的环境，脱离两边历史的上承下接的关系，"我们那个时候怎么样了"会把我们带入理所应当的想象中。英国历史学家汤因比在《历史研究》中用大量事实表明，"那时怎么这么样"并没有产生出"就理当如此"的结论。另外一种同质比较也是危险的，郑和的航海与哥伦布的航海是相同的吗？同时期的中西比照如果还原成较单纯的历史事实，再由此而出发去认识当时的历史背景与文化关联，更能够清晰呈现现象，思考本质，探寻历史背后的动因。

我们走丝绸之路都是七或八年级的班级。主要原因是他们开始进入青春期，内心世界在成长，内心的孩童阶段的混沌因为情感情绪的指向性分成两股力量，一方面，他们努力进到内心深处、灵魂深处，试图探索到最真实最隐秘的内核；另一方面，努力地走向外部世界，通过外部世界，发现和照应自己的内在。世界之宽阔与内在之豪迈是一回事，世界之美丽与内在之欢喜也是同一回事，世界之混乱与内在之迷惘亦然。正如美学家宗白华先生谈到歌德"世界给予人生以丰富的内容，人生给予世界以深沉的意义"。或如施泰纳所言，要了解我们的心灵就要去探看世界，要了解世界就要探看我们的心灵。所以我说，走向世界，就是走向自己。没有比提供一个文化的、社会的现实模型给七、八年级这个阶段的孩子更重要的了，他们需要这样的一个旅程来开阔眼界、锻炼意志、增长知识、丰富人生。

以下是一个我用采访方式记录等实际例子,通过它我们来分析如何"走"丝绸之路。包括目标设定,行程安排,内容设置、行前准备、行中要点、行后总结、旅行成果等。

PAPA:这里是华德福发现频道。我是主持人 PAPA,两个月前我随成都华德福学校的 18 位老师到印度参加华德福亚太地区会议,到了东方智慧的另一个源起,感触很深。觉得中华文化和印度文化有很大不同的地方就是一个是修行,一个是践行。一个更出世,一个更入世。今天的节目和印度有关,准确地说,和玄奘有关,这里有幸请到李老师、宋老师,还有浩浩、晴晴两位同学。现在请大家随着我们走一趟万里迢迢的丝路!

浩浩同学,我说万里迢迢,对不对?

浩浩:从成都到西安 800 公里,西安到乌鲁木齐 2 500 公里,乌鲁木齐到伊宁 800 公里,加上从伊宁到拉那提,从嘉峪关到敦煌和敦煌到柳园绕的,去 5 000 公里,回来 3 000 公里。

PAPA:实际上是一万公里路。你们有没有在游丝路旅行前做一些功课?比如"指南""攻略"之类。

宋老师:我们之前让大家带书来阅读,临摹敦煌图案,我也提出问题,哪个地方看什么?

晴晴:我们还背丝路必读的诗歌,讲丝绸、张骞啊什么的。

PAPA:你们有哪些必读的诗歌呢?

晴晴:可多了,"黄河远上白云间","渭城朝雨浥轻尘","青海长云暗雪山","长河落日圆,大漠孤烟直"……

PAPA:还有哪些准备?

李老师:总的来说,出游前,我们有学习上的准备、经济上的准备、心理上的准备。学习上包括我们学习秦汉唐历史,学习丝的生产与消费、丝绸贸易、大帝国对贸易的影响、马、汉武帝和张骞通西域,当然还有玄奘。我们也制作地图,讲故事,提问题,比如,环境如此恶劣,为什么要走这丝绸之路?

PAPA：那其他的准备呢？
李老师：两年前我们就告诉孩子们，然后也开始筹款。
PAPA：喔，筹款。
晴晴：挣钱呗。我们做月饼、蛋糕、卖零食、还制作主课本的笔记本，过节就卖嘛。

以上是谈出游的准备，俗话说，"不打无准备的仗"，行前准备十分重要，准备可以分为几类，一是课程内容的准备，孩子们通过课堂了解学习内容，更重要的是可以在老师指导下阅读书籍，通过网络查找资料等。二是安全性方面的准备，要出游的地区安全性和稳定性是必须首先考虑的，比如地震或地质灾区，社会稳定有问题的国家和地区，就最好别带孩子去。三是经济上的准备，这是必要的，费用虽然由家长出，孩子们也尽量发动起来，一起筹款也是很好的体验和认识社会的过程。如果有的家庭有困难，还可以考虑班级家庭间的相互支持。四是人员安排上的准备。人员安排上必须做到谋定而动，随行的要有大体熟悉相应地区的人，特别是相应民族地区的人或外国人，也需要有医疗经验的人。另外就是物品的准备，如用具、药物、消耗品等。除此之外，法律责任更需要考虑到。学校要沟通好家长将发生的游学内容，可以和家长签订一个协定，能找旅游公司的一定找旅游公司来挂钩自由游。

继续采访：

PAPA：自力更生，挺好！李老师，好些朋友在问我，为什么华德福学校要游学？
李老师：华德福历史的学习是按照远古到现在纵的时间线索来，学地理是以学生为中心，从家、家乡、周边地区、省际、国家和洲际，直到世界，一圈一圈向外扩散，这样的空间线索。一二年级的孩子认识周边自然，10岁以后的孩子，自我开始明显显现，游学可以帮助他们在环境中学习和定位，认识社会，认识自然，游学根据孩子发展意识。

PAPA：原来游学是有自我发展线索支撑的。（转向两位同学）哪里是丝路出发点？

晴晴：西安。大雁塔，唐僧拿禅杖，这样做着（左手拿禅杖，右手立掌合十，倾身向前）。

PAPA：嗯，很坚定，执着。后来你们到了哪些地方？

晴晴：西安、嘉峪关、那拉提草原。

浩浩：还有敦煌、吐鲁番、霍尔果斯口岸。

PAPA：真是长长的行程。（对同学）行万里路辛不辛苦？

晴晴：还好啦，大不了睡觉嘛。

李老师：其实孩子们还是蛮辛苦的，一路风尘。想想玄奘更辛苦，从贞观元年到贞观十九年，一走就是19年，穿黄沙，入戈壁，翻雪山，渡激流，遇盗寇，九死一生。

PAPA：浩浩同学，听说你生了病？

浩浩：有点感冒，发烧，老师给我吃点药就好了。

PAPA：（对老师）你们带学生出去，责任还是满大的。公立学校一般不敢这样做。

李老师：我们相信孩子，也相信基本的社会安全。孩子们需要了解真实世界，不能因噎废食啊。

PAPA：我想问晴晴同学，印象最深的是什么？

晴晴：滑沙，骑马，丁丁炒面。

PAPA：为什么？

晴晴：滑沙嘛是从很高的沙丘上滑下去，挺吓人的。骑马我们自由地骑，挺好。

PAPA：丁丁炒面呢？

晴晴：维吾尔族人开的馆子，可好吃了。

PAPA：浩浩同学，你呢？

浩浩：骑马，草原的景色，关城，还有壁画，还有荒凉。

PAPA：嗯，这个排列还蛮有意思的。为什么你会对这些感兴趣？

浩浩：骑马嘛自由地骑。草原的景色不管太阳升起还是落下，都壮观。关城嘛很雄伟，嘉峪关真是"天下第一雄关"。壁画太丰富了。玉门关啊，河仓城啊都很荒凉。

PAPA：两位老师？

宋老师：印象深的是孩子们在敦煌研究院陈列中心，伏在展柜上认真临摹。

李老师：我对这个也有很深的印象。另外是那拉提草原，真是美得流口水！有一点微微的雨，山丘着上深绿或是浅绿，像覆上一层通透的薄纱，迷迷蒙蒙的，仿佛轻轻一拽就整个儿滑下来。右边是弯弯的河，碧绿的草甸，起伏的山丘，互相匹配着，说着最美丽的童话。

PAPA：哇，李老师的描述真是太精彩了！知识、自然都有收获啊。

李老师：我们就是要带给孩子们艺术、体验、审美。其实有些东西现在他们还体会不到，体会不了，教育就是埋下种子，生根发芽，开花结果。

PAPA：真好。

李老师：还有一个印象深的是说到一个东西，可以随时上网查相关资料，现代资讯配合教育的目的就有威力！

这部分其实在谈目标设定和行中要点。目标即是我们游学的目的，我粗分一下，包括心理目标、认知目标、情感目标、意志目标、体能目标等方面。认知，历史、地理、文学、矿物和天文学等都可以考虑进来。比如例子中提到的诗歌、秦汉唐历史等；情感上，如何调整班级关系，通常班级和谐度不高的，游学会增进大家的和谐度，而老师也更能在真实的生活中了解到孩子；长途旅行是对意志的最好锻炼；体能目标，多考虑徒步、爬山等。尽可能多让孩子参与。

游学行程安排根据内容和班级状况确定，主要考虑以下几方面。第一，适宜性。再好的内容必须根据孩子的年龄发展阶段和班级实际状况来决定和取舍。第二，时间的长短。四年级一周以内，五六年级十天左右，七八年级两周左右。

行中要点。旅行中第一注意的是安全，安全是第一位的，乘车乘机乘船、住宿、参观游览、攀登、骑行、做餐、拍照等都要注意。事实上，如前提到，老师和学校承担极大责任。第二是旅行节奏，每天行程一定不能太紧，注意节奏和休息。第三，行程中安排好学习内容的吸入和游玩的呼出。如果有临摹、查看等活动，考虑好可行性。尽量每天都有一个小结，写写日记什么的。第四，老师要对整体情况有意识，有自己对情况的判断和坚持。第五，外出老师或同行家长保持与学校、家长的沟通，及时通报行程和突发状况。第六，让孩子挑选一两件旅行小玩意做纪念，送给自己的长辈。

浩浩：在旅行中我们还回顾，写日记。

李老师：回来之后孩子们每人做了一本《丝路旅行本》，把日记和图片，包括车票之类都贴上去，也做一些注释。也有遗憾的地方，在那拉提草原约了一个哈萨克歌手来教孩子们唱歌，结果没有来。

PAPA：时光匆匆，谢谢两位老师和同学的分享！

上面这个例子是我带的第二批学生，事实上也是中国的第二个班，进行丝绸之路游学时的大致内容，我以这种采访的形式把旅程书写出来，而这本身也算我们游学的一个成果。孩子们会以日记、专题等形式来回顾曾经的旅行，它既是学习的产出，更是学习的总结。游学和个体的旅游的最大区别是真正的学习，它一定是一个完整的学习过程，而最后的行后总结和旅行成果展示，也是十分必要的。回到校园，用一点时间做回顾，同时让孩子们完成他们的旅行用 ppt，或直接把孩子的作品、文字、音乐等展示出来。在老师指导下让孩子们主导这样一个分享会，与社群分享旅行成果总是不错的主意。

这里也说说各年龄段建议的旅程。根据我们的实践，一二年级在校园内或周边自然散步，游玩；三年级可以有配合课程短途的本地田野旅行；四年级本地参观露营；五年级可以有古代文化游学，河南先秦文化或沿长江而下的水文化；六年级是陕西秦汉文化；七年级丝绸之路；八年级国际交流。

我们再回到丝绸之路旅行的话题。它对老师的要求是蛮高的，除了身体外，历史、地理、哲学、文学、民族学等学养都是必不可少的。这些都不是一朝一夕的功夫，不过，针对性的准备也是必要的，根据实际经验，这里有一些书目推荐，原则是尽量读经典：《马可·波罗游记》《大唐西域记》《斯坦因旅行日记》《丝绸之路》《唐诗地图》等。

今年（2016）我在瑞士歌德馆世界教师大会上有丝绸之路的工作坊，几大州都有学员参加，感觉只有进行比较深入的文化交流才能够在这个价值差异、人心不同的地球上共同生活和面对。而丝路的脉动，千百年来还是那么璀璨而激动人心。

游学是人生一段旅程，人生是灵魂的一段旅程。

主要参考书目

[1] 杨晓霭. 瀚海驼铃——丝绸之路的人物往来与文化交流[M]. 兰州：甘肃教育出版社，1999.

[2] [法]J·P 德勒热. 丝绸之路——东方和西方的交流传奇[M]. 吴岳添，译. 上海：上海书店出版社，1998.

[3] [日]陈舜臣. 西域余闻[M]. 桂林：广西师范大学出版社，2009.

[4] （唐）玄奘，辩机. 大唐西域记[M]. 季羡林，等，校注. 北京：中华书局，2000.

戏剧教学
Drama

> 如果没有舒舒服服演一出戏剧,那么你的华德福学校教育是不完整的。
> ——题记

师:罗密欧没有直接冲上去吻朱丽叶,而是拿着面具慢慢靠近朱丽叶,大家觉得罗密欧是个什么样的人?

生:罗密欧是热情而大胆的,他喜欢朱丽叶就直接表白了!

师:那为什么罗密欧的表白没有引发朱丽叶的反感呢?

生:罗密欧没有那么露骨的、浮躁的举止,他还是很尊重朱丽叶的,他没有做出让一个年轻女孩害怕的举动,而是一点一点地靠近朱丽叶。

师:是的,罗密欧的感情是真挚的、热烈的,但他的行为举止是有风度的,照顾到了朱丽叶的感受的,而不是轻狂的,日后你们这些男生追女生应该跟罗密欧学习。

这是一个华德福学校八年级班的毕业演出剧《罗密欧与朱丽叶》排演时的一个讨论片段。在排演学习过程中,大家在讨论着人之为人不可回避的东西——对异性的感情。莎士比亚的经典名剧《罗密欧与朱丽叶》是世界上许多华德福学校八年级排演的剧目。除了大段大段的台词,通过排演这样的剧目,进行深入讨论,无论情节的、语言的,还是道德的、人性深处的,对孩子来说,都是极其有益的。因为他们能由剧本本身而关照到自己及自己的内心生活。无论精彩戏剧有多少,人们喜欢的是打动自己的那一场。并且,青春期中的孩子,他们生理的变化,心理的情绪情感的两极变化,他们内心的真正的 Dramatic(戏剧化),以及对周遭世界的思考,都需要传达出来,需要一种方式,而这种方式——一种公开的方式,使他们既能投入其中,发挥他们的近融感(Sympathy);另一方面,毕竟是演戏,可以排,可以改,孩子作为"局外人",可以"看到"、关照到发生的一切,保持对发生的一切的一种距离和冷静,一种离斥感(Antipathy)。

戏剧教育在华德福学校中是一个不可或缺的内容。施泰纳博士在关于语言和戏剧课程的最后四讲中给出为什么学戏剧。戏剧在模仿与体验中发展社群技能，深化对主课的理解，提高演讲和言语表达能力，在同学或家人面前展现自己。模仿，如亚里士多德在《诗学》中谈到艺术的本质是模仿，戏剧亦然，模仿成人世界的活动，为生活做准备；对主课内容的理解是很好的辅助手段，因为它把内容变得更具体、形象、生动。要了解特洛伊战争，有什么比一个庞然大物出现在舞台上，然后从后面钻出一批士兵更印象深刻的呢？而戏剧的大量对白、独白、旁白、叙述，都是对语言能力极好的锻炼。关于展示自己，孩子站在舞台上面对观众，通过行为、姿态、语言等，从容地展现自我。华德福的孩子大多演讲时落落大方，与平时的戏剧练习有很大关系。

戏剧有巨大的疗愈功能。除上面谈到的四点外，施泰纳对戏剧还谈到三个更深层的原因：对生命本身的兴趣、对世界心灵（World Soul）的认知和理解、发展我们感知命运的能力。

① 对生命本身的兴趣。

生命是鲜活而多姿的，戏剧中的人物、事件有着自己的生命故事，通过戏剧学习和表演，孩子进入到特定人物生命的内心，进入到那情那景中的真实，这必然使孩子体验到不同的生命，唤起对不同生命本身的兴趣，进而到对自己生命的探究。

比如五年级有演埃及奥利西斯王的，六年级有演荆轲刺秦王的，七年级有演马可波罗的。无论是奥利西斯弟弟赛特对他的陷害，最后受到惩罚，还是荆轲的慷慨赴死，还是马可波罗到东方的经历，都是一个个生命过程。表演和体验能引发孩子们的兴趣和思考。

② 对同理心的认知和理解。

关于这个方面，其实就是人同此心，心同此理，或推己及人。当自己带着自己的心灵进入到朱丽叶的角色当中，便有了一次机会以自己的心灵去体察她的内心。通过进入她的内心，我能够体察戏剧中所有其他角色的内心。这项活动极大地增强了我对同理心的体验。

③ 发展我们去感知自己命运的能力。

"未被检视的生命不值得活着。"（柏拉图）通过全然参与到一个舞台角色的创造中，在观众前，灯光下，演员对观众和他们的回应所保有意识的觉知，这种觉知能够发展出更加精纯的能力，这个能力是寻找自己命运之路的能力。演员在这个方面比普通人占有优势。如果我们能够对周围的一切保持觉知的同时，再塑造一个角色——一个唤醒我们内心深处同理心的角色。这项能力帮助我们在自己的生命旅程中，认出那些特定的人、地点、事件，觉察出我们人生的使命并给予恰当的回应。也许那个时候你会发现，命运是有意而为的东西。

戏剧在华德福学校有这样的功用，那么，一到八年级戏剧究竟有什么样的内容？下面是成都华德福学校建校十年来孩子们排演的戏剧的概略统计。

一二年级，金鸟的故事、金鹅的故事、爱尔兰王之子的故事、七个小矮人、鹿王的故事、大闹天宫、圣方济与狼、寓言故事戏剧会；三四年级，黑暗传、杜宇化鸟、成都城的生活、诺亚方舟、出埃及记、该隐与亚伯、约瑟的故事、北欧神话、西游记；五六年级，罗摩与悉多、埃及王奥里西斯、荆轲刺秦、鸿门宴、霸王别姬、罗马城的建立；七八年级，丝路传说、马可波罗、梁祝、东方快车谋杀案、灰姑娘（英语）、空城计、周文王（日语）等。

除此之外，学校社区节庆的戏剧还有《金苹果》《石头汤》《白蛇与青蛇》《托儿的神锤》《屈原传》《五毒传》《端午节的由来》。而成人培训中心学员们演出过的戏剧有希腊神话。

一、二年级同学演出的内容主要来自《格林童话》、民间传说故事、《伊索寓言》、《西游记》。可爱的孩子、可爱的金鹅，以及寓言故事里面的狡猾的动物，可爱又勇敢的王子，顽皮的孙猴子，不仅仅给小孩子，给我们成人也留下动人印象。华德福一二年级的戏剧有个特点，取材于教学内容，相当于课本剧——虽然华德福学校没有那种发行的课本。还有一个孩子是群角演出——没有非常明确的主角，大家可以一起当王子或公主，或者孩子们轮流当，或者说人人都是公主、王子。为什么这样做？是因为这个阶段的孩子他们的群体意识发达而个体意识微弱，在这种意识状态中，不需要过早强调个体意识。这个时候的孩子个性也是十分模糊的。

"未开天地玄黄尊，他是开辟第一神。"到三年级四年级，情况有很大变化。三年级孩子开始想问自身从何而来。三年级讲创世神话，很多老师也演出这个内容。除了大家知道的希伯来神话、诺亚方舟之类，中国老师还发掘出中国创世神话诗体《黑暗传》。当我看到成都学校的蓓蕾老师班的孩子穿着极富民族风格的服装、整齐洪亮地朗诵一行行诗句，投入地把从玄黄老祖演到五方五行、天干地支、伏羲八卦……，心灵震撼，好一个中国文化生动的教育课！

四年级的神话个性也在展现，不管是《西游记》中四个取经人，还是北欧神话中雷神托儿之类个性鲜明的神祇。角色也比较固定。

成都的故事之类的戏剧有好几个班级出演过，有本乡本土的背景，有盐有味的四川话，耕种或街坊售卖的特色场景，是四年级孩子在庞大和芜杂的文化中，一点点进入真实世界，定位乡土，发现家园的很好辅助手段。

五六年级上面提到的几个剧目都和五六年级主题教学密切相关。五六年级孩子从和谐的世界进入到更加物化的世界，庞大的军队、庞大的工程、严密甚至严酷的法律，孩子们试图通过场景的展现表现出外在世界的不同。

为什么不教孩子们打架？五六年级有孩子对自己滋长的力量的控制与运用，做适当的引导是必须的。

七八年级爱情开始真正萌芽，自我从男女类别到个人，内在的冲突也随着青春期到来而更加激烈，奥地利现代行为学创始人，诺贝尔奖获得者康罗·洛伦兹认为，人只能通过艺术、体育诸活动来转化天生的同类间的攻击性。青春期的能量需要通过各种艺术形式来释放和转化，而戏剧是直达心灵的最好的一种。另一方面人物典型性格张扬出来，不管是东方快车里面的波洛，还是罗密欧与朱丽叶，都能够体现出人鲜明的个性特征。

戏剧在英文中既叫 play，又叫 drama，它们有什么区分？它们主要的区分，根据我和国外老师的交流得到的是，play，是一出写成的剧本，而 drama 是要把它演出来的，act out。从某种意义上来说，对孩子们来讲，演什么，甚至演不演出不是那么重要，重要的是这个"演"的过程。演员、学生，从这个过程中因为内在与外在的碰撞而得到转化，这也是我认为现代戏剧强调的东西，重视过程，而不是结果。

于是，如何准备一出戏剧？

根据我自己以前参与的演出，以及组织学生戏剧排演来看，包括以下方面：① 前期准备，包括确定主题、了解故事、演出构想、时间安排、人员分工、场地安排等方面；② 排演，包括确定角色、台词、服装、道具、场景、灯光等的准备，角色互动练习等，还包括对公众的宣介；③ 演出，包括剧目介绍、过程控制、场地管理等；④ 结束与回顾，包括感谢、收拾、总结等。这是从时间流顺序来说。当然，另一方面，在排演戏剧的过程中，我们也大可参考亚里士多德在《诗学》中提到情节、角色、思想、语言、音乐与景观剧场的六大元素进行考虑。

我们还是回到罗密欧与朱丽叶来吧。以下主要依据成都华德福学校曾杰老师总结介绍的内容，不敢掠人之美，真心感谢曾杰老师的工作和分享！

老师们先做清晰的分工，其中涉及：
① 戏剧排演之前的剧本阅读和故事背景了解；
② 老师团队对服装、道具、舞台设计的构想和安排；
③ 班级人数和男女比例在角色划分方面的构想；
④ 每天课时安排和演出的具体日期；
⑤ 确定老师各自职责及家长职责；
⑥ 明确排练的场地、服装道具陈放场地、正式演出的时间、场地，海报制作等。

这里涉及孩子与老师、孩子与孩子、老师与老师、老师与家长、家长与家长的配合协调。戏剧排演实际上是社区的整个健康参与与互动。

一、选角

确定角色是很具挑战、细致的工作。处于青春期的孩子，有不少害羞的情绪，所以，一定要好好准备，不然一开始就僵在那里。我们就碰到过这种情况。大家总结出以下三点注意事项。

① 可以先让孩子演自己感兴趣的角色，感受角色的内心世界。

② 老师确定配角。老师可以单独与一些孩子交流，有一定表演才能的建议选有较大发挥空间的角色，而对需要信心和鼓励的孩子，可以邀请尝试本色出演、或自己很感兴趣的角色。

③ 对于主要角色，可请有意愿的孩子们自己研究剧本和人物性格，然后安排一次竞演。

之后将分组名单和角色、演员名单写出张贴，方便大家查看。

从一个选角可以看到，排演戏剧，着眼点仍然是对孩子的了解及帮助，而非仅仅关注演出效果。

二、排练

考虑到排戏时间，以及孩子们第一次排长戏，老师将剧本做了大幅删减，确定一周排一幕戏，最后在第四周把最短的第五幕加排出来，第五周进行全幕拉排和着装彩排。

工作节奏是这样：

每天早晨8点，老师在办公室碰头，明确这天排练内容和分组安排。8点半主课一开始，宣布排练安排，内容包括在什么时间、什么教室、有哪几位同学来参与排练以及排练的场次。然后孩子们上40分钟要上的主课课程，就分组离开教室排练。我们先做一些戏剧热身练习，然后按照剧本场次开始排练，之后的辅课按照A、B组轮流排练，因为本班孩子较多。而没有轮到排练的同学，他们有的跟随老师制作背景，例如朱丽叶和罗密欧月下对话时的阳台，需要木工工作来完成它。

三、戏剧老师的角色

戏剧排练是如何进行的呢？

每天的排练从分角色读对白开始，引导孩子分析人物性格和特质。在这里老师的引导作用就更清晰地呈现出来，对语言文字本身的解读、对事情的态度、对角色的把握、对理想的热情……这个过程就是探讨人生！在开篇的对话里，相信大家都可以看到探讨几个人生的重大课题：① 如何正确理解"相爱"；② 冲动和冷静带来不同的因果；③ 如何多角度而客观地认识人与事；④ 在向异性表达情感时应注意哪些分寸……

另外，老师还扮演着"教练"的角色。

例如第一幕第一场，一开始就是两个家族敌对的年轻人在场上互相挑衅，见学生站在台上实在演不出市侩、痞子的样子，老师站起身来，一个箭步站到了学生旁边，又擤鼻涕又叉腰抖腿，立刻变身成一个好斗、无赖的痞子，立刻就把之前不知所措的学生带入角色。

在刻画人物的细节处，老师清楚细致地指导和示范更是非常重要。例如舞会的那一场，我们专门邀请了会宫廷舞蹈的志愿者带领大家戴上面具，练习舞步，其中主角罗上台，定格动作保持几秒，其他舞伴最后定格的动作都安排清晰。

在排演的过程中，关心学生的身心状态也很重要。

比如同样饰演班伏里奥的两个学生，排演明显A组略胜一筹。老师就和大家聊，指出A组是本色表演，比较容易。B组同学演的是和自己性格反差比较大的角色，所以B组的同学更努力！

还有一个扮演奶妈的女孩，刚从公立学校转来，穿着一身黑衣服，每次来排练总要偷偷带根香肠来，一边排练一边吃，而且总记不住台词，并对要演一个又胖又唠叨的老女人感到很不满意。当老师评论这个奶妈剧中最好最重要的角色后，她抬起了头。最后正式演出前，她忘记了香肠，在台下抱着剧本反复背诵，令我们所有人都吃惊不小！

老师不停场下提词是常态，有时又是服务者，当中午、下午的彩排乏了，一些小吃、点心会让孩子们感到惊喜；连着排一上午，下午还需要接着排，中午时老师就早早地摆好道具和演员座位，减少孩子们的工作量。

最后，进入了整体拉排的环节，布景和道具陆续到位了，海报也张贴了出去。

四、正式演出

演出时观众有序好还是无序好？

正式演出所有演员比平时精神百倍，也专注安静。原因只是因为观众！最好的演员是被好的观众培养起来的！第一天夜里，剧场秩序有些松散，小孩子们纷纷坐在舞台边上的地上，舞台上的演员任何一个表情、动作，都引发场下孩子们的惊呼和欢笑，这场景着实像莎翁时代平民区的剧场里演出时的场景，热闹非常，演员也异常兴奋！

第二天晚上，老师严格了剧场秩序，所有观众都在座位上正襟危坐，现场比前一夜安静了许多，但又少了那份同呼吸、共悲苦的专注和热情，演员也因此少了些激情。看来秩序与激情不可兼得呀！

五、感谢与回顾

表演结束后介绍演员，感谢支持的老师和家长，这环节一定不能少。表演结束后所有人员重回舞台上坐下，回顾总结，分享成功与快乐。这也是非常必要的。"曲终收拨当心画"，最后收拾整理服装道具，这样，演出才算彻底结束！然后孩子们带着满满的体验与喜悦回家。

对孩子们来说，戏剧是人生的预演。

主要参考书目

[1] Joe Winston, Miles Tandy. 开始玩戏剧 4—11 岁[M]. 陈韵文，张镫尹，译. 新北：台湾心理出版社，2008.

[2] Joe Winston. 5—11 岁的戏剧、语文与道德教育[M]. 陈韵文，译. 新北：台湾心理出版社，2008.